Richard Wagner's

Lebens-Bericht.

❦

Deutsche Original-Ausgabe

von

„The work and mission of my life"

by

Richard Wagner.

Travis & Emery Music Bookshop

Richard Wagner

Lebens Bericht

Facsimile of the Leipzig 1884 edition.

Republished Travis & Emery 2010.

Published by
Travis & Emery Music Bookshop
17 Cecil Court, London, WC2N 4EZ, United Kingdom.
(+44) 20 7240 2129
neworders@travis-and-emery.com

Hardback: 978-1-84955-086-4
Paperback: 978-1-84955-087-1

Richard Wagner's
Lebens-Bericht.

Deutsche Original-Ausgabe

von

„The work and mission of my life"

by

Richard Wagner.

Leipzig,

Verlag von Edwin Schloemp.

1884.

Richard Wagner's

Lebens-Bericht.

Deutsche Original-Ausgabe

von

„The work and mission of my life"

by

Richard Wagner.

Leipzig,

Verlag von Edwin Schloemp.

1884.

Druck von Metzger & Wittig in Leipzig.

Die hier zum ersten Male vollständig veröffentlichte Schrift ist eine Rückübertragung der 1879 in der „North-American-Review" erschienenen Lebensskizze des verstorbenen Meisters, „the work and mission of my life", die nicht nur bereits eine Uebersetzung in das Französische erfahren, sondern auch in Deutschland so starkes Interesse erregt hat, daß der Wunsch nach einer deutschen Ausgabe schon mehrfach laut geworden ist.

Obwohl die Schrift im Wesentlichen eine übersichtlich orientirende neue Zusammenstellung der mannigfachen Mittheilungen Richard Wagner's über sein eigenes Leben und sein künstlerisches Ideal gibt, wie solche in den zehn Bänden seiner gesammelten Werke überall hin verstreut sich finden — Mittheilungen also, welche er selbst seinen deutschen Lesern am liebsten dort an Ort und Stelle sich aufzusuchen überlassen wollte — so hat doch augenscheinlich gerade diese bequem komprimirte Fassung, in welcher der reiche Stoff von authentischem Ursprung hier wiedergegeben ward, ein besonderes Wohlgefallen erregt, und verspricht wohl in der That bei dem deutschen Lesepublikum auch jetzt noch, wenn nicht eben gerade jetzt, einigen nützlichen Erfolg, da es nun Wagner's Lebenswerk seinem Volke und durch sein Volk der Welt zu erhalten gilt.

Mag dieses Publikum, wie es scheint, leider noch immer nicht so recht in der Lage und Laune sein, sein Wissen über Wagner aus der Quelle seiner gesammelten

Schriften ernstlich und gründlich zu schöpfen, so dürfte es immerhin als ein willkommener Ersatz dafür gelten, wenn neben dem vorzüglich redigirten Wagner=Lexikon von Glasenapp und v. Stein, welches lediglich in Wagner's eigenen Worten eine Zusammenstellung der Hauptbegriffe seiner Kunst= und Weltanschauung enthält, nun auch noch eine gleicherweise zusammenfassende biographische Darstellung seines Wirkens dem deutschen Publikum auf Grund jener amerikanischen Veröffentlichung dargeboten wird.

Des Herausgebers Aufgabe war es dabei, den mit 1879 abschließenden Lebensbericht nicht nur durch ein Nachwort zu vervollständigen, sondern auch alle speziell an die amerikanische Adresse gerichteten Stellen, wie z. B. gleich den Anfang, zu kürzen oder in einem weiteren Sinne zu „verdeutschen".

I.

Blicken wir in die frühe Vergangenheit unseres Volkes zurück, so erkennen wir, wie gerade diejenigen germanischen Stämme, welche sich von dem Mutterboden ihrer Heimath losrissen und über ihre Grenzen fort in die Fremde wanderten, auf die allergewaltigste Weise die unvergleichliche Kraft und Größe des germanischen Volksgeistes in einer beispiellosen Welteroberung, reich an kühnsten Thaten und bedeutsamsten Folgen, offenbarten. Selbst dort, wo ihre rasch errungene Herrschaft in dem fremden Lande äußerlich bald wieder untergehen mußte, oder wo ihr Wesen in der Vermischung mit dem fremden Volke seine selbständige eigenthümliche Physiognomie und Ausdrucksweise verlor, selbst da hat ihre Einwanderung einen für alle Zukunft bestimmenden Einfluß auf die Fortentwickelung des Geistes jener Völker und Länder ausgeübt. Tragen doch noch heute die zwei großen Kulturvölker der Engländer und Franzosen, sowie in den drei großen romanischen Volksgebieten Europas die Provinzen der Normandie, der Lombardei und Andalusiens ihre Namen nach jenen ersten deutschen Auswanderern, den Vandalen, Langobarden, Normannen, Franken und Angelsachsen. Vor

allen Anderen aber haben es gerade die Angelsachsen ver=
mocht, auf dem von ihnen eingenommenen wunderbaren Insel=
lande eine germanische Kultur zu begründen. Selbst jetzt
noch erweist sich diese Kultur als die eigentliche Kultur des
britischen Volksgeistes, nachdem die französirte Gesellschaft
des normännischen Adels über das sächsische Volk von Eng=
land eine fast tausendjährige Herrschaft geführt hat. Jeden=
falls aber ist es echt germanischer Geist, der von England
ausgegangen, und immer von Neuem verstärkt durch Aus=
wanderer aus dem Mutterlande Deutschland selbst, nun die
Zukunft Amerikas wirkt und dabei wiederum die alte Eigen=
art bekundet, in der Fremde, auf selbständige freie Thätig=
keit und Bildung einer neuen sich selbst erhaltenden Ge=
meinsamkeit angewiesen, sich wahrhaft kräftig und groß zu
zeigen. Dagegen stellt der Theil des Volkes, der in der
alten Zeit unter dem eigentlichen Namen der „Deutschen"
daheim sitzen geblieben war, gewissermaßen den Typus des
bei allen späteren ähnlichen Ereignissen sich wiederum in
gleicher Weise als solchen erweisenden, gemüthlich seßhaften
„deutschen Philisters" dar, wie er von allen Seiten sich
drücken und drängen läßt und in Kleinlichkeit nnd Arm=
seligkeit unter stätem mißgünstigen Streite mit Seinesgleichen
eine lange leidenreiche Geschichte dahinlebt. Was aber aus
dem Schooße dieses wunderlichen Muttervolkes, inmitten seiner
Noth und seiner Unfreiheit, immer wieder wie ein Wunder
emporwächst, das ist der ihm ganz eigenthümliche deutsche
große Mann, wie ihn in so eigenartiger, erhabener Ein=
samkeit eben nur Deutschland erzeugt hat. Man denke vor

Allem an diese großen deutschen Weisen, Dichter und Musiker, deren Gleichen kein einziger nicht germanischer Stamm,
seit dem Untergange von Hellas, in der Weltgeschichte auf-
zuweisen hat! Standen sie auch ihr Leben lang als Fremde
unter ihren sie befeindenden Landesgenossen, so waren doch
sie es dann auch wieder, in welchen der deutsche Geist über
die Grenzen der Heimath hinaus wirkte. Dort in der Fremde
ließ er gleichsam die Urverwandtschaft des deutschen Blutes
in allen Nationen wieder zur Geltung kommen. So offenbart sich die ideale Macht des deutschen Geistes immer
auf's Neue als eine wahrhaft internationale Macht und
gewinnt die Achtung und Ehre der Nationen ihrem Mutter-
volke zurück. Jene friedlichen germanischen Welteroberer aber,
welche von Europa ausgezogen, jenseits des Meeres eine
neue Kultur zu gründen und auszubilden sich bemühen, sie
dürfen stäts in jenen einzelnen großen Meistern der Heimath,
welche sich dort aus Nöthen und Banden aller Art zu der
idealen Freiheit für die Offenbarung des deutschen Geistes
emporgerungen haben, ihre erhabenen Vorbilder sehen. In
diesem Sinne sollten ein Goethe und ein Beethoven gleichsam
wie die altheimischen Götter- und Heldenbilder vor den ehr-
furchtsvollen Blicken jedes jungen germanischen Kulturvolkes
in der Fremde stehen, um es ernstlich daran zu mahnen,
daß es ihren unsterblichen Geist auch thätig mitwirken lassen
möge bei der nothwendigen idealen Vollendung seiner eigenen
Kultur.

Wer meinem Lebenslaufe einige Aufmerksamkeit geschenkt
hat und aus meinen gelegentlichen öffentlichen Aeußerungen

über meine Lebenserfahrungen sich ein gewisses Verständniß für mein Wesen und meine Entwickelung gewinnen konnte, der wird es begreifen, daß gerade ich unter meinen deutschen Landsleuten mich am Heftigsten von der Sehnsucht nach einer solchen Wiedergeburt deutscher Kultur, irgendwo und irgend= wann, ergriffen fühlen mußte. Je länger ich lebte, je mehr sah ich die lebendige Erinnerung an die herrlichen Keime einer echten und eigenthümlichen deutschen Kultur verschwin= den, welche zum Beginne dieses Jahrhunderts in unserem Volke durch die Wunderkraft großer Künstler zum reichen Gedeihen kommen zu sollen schienen. Immer mehr breitete sich vor meinen Augen über das deutsche Volk das fremd= artige Gespinnst einer undeutschen Zivilisation aus, welches in zwei Farben abwechselnd schillerte, in der vergilbten Farbe der Restauration des alten französischen Begriffes des Herrenthumes und in der röthlichen Farbe der Revolution nach dem neuen, ebenfalls französischen Begriffe der „Frei= heit", deren eigenthümliche konstitutionelle Verwebung und Ausgleichung nun noch ein drittes fremdes Element, das zu immer größerer Macht gelangende jüdische, zu besorgen unternahm. Wie anders hatte noch zu der Zeit meiner Ge= burt die deutsche Jugend sich die Zukunft der deutschen Kultur erträumen können! Bisher war alle höhere Kultur nur unter dem Begriffe einer „Renaissance" zu fassen ge= wesen, wodurch antike Erinnerungen unter neuem romanischen Gewande, am Zierlichsten und Ansprechendsten in der fran= zösischen Façon, wieder aufgefrischt und umgeformt wurden. Auch das deutsche Volk, als es aus dem langen Elende des

dreißigjährigen Krieges wieder aufzutauchen begann, sah, wie
von oben her an seinen zahlreichen Fürstenhöfen die große
Oede des Todes seines nationalen Lebens durch die Nach=
ahmung der üppigen Pracht von Versailles übertüncht ward.
Hierunter schien alles deutsche Wesen gänzlich begraben zu
sein. Da erwachte der deutsche Geist aus seinem völligen
Verloschensein wunderbar von Neuem in den Personen und
Schöpfungen großer Dichter und Musiker. Da erstanden
uns die Heroën der deutschen Wiedergeburt. Das ist jene
Macht, welche einzig dem europäischen Zivilisationsbegriffe
der Renaissance gegenübertreten durfte, und womit unsere
Goethe und Schiller, Mozart und Beethoven das deutsche
Wesen in herrlichen Kunstwerken wiederum offenbarten. Sie
fanden noch keine Allgemeinheit, kein Volk, zu dem sie in
seiner eigenen Sprache reden konnten; oder, wo auch sie ein=
mal die allgemein gewohnte Sprache anwendeten, war gerade
die Form, die sie dazu gebrauchen mußten, eine fremde
gegenüber dem von ihnen neu offenbarten deutschen Geiste:
wie z. B. die Form der italienischen Oper. Aber in ihnen
war doch einmal dieser Geist selber auf's Neue erwacht, und
es brauchte nur ein bedeutendes geschichtliches Ereigniß diesen
jungen Geist in einer großen Gemeinsamkeit der Volksnoth
und Volksbegeisterung zur That werden zu lassen, um den
Boden für eine wahrhaft nationale Kultur auf das Hoffnungs=
vollste zu bereiten. Dies schien mit dem Freiheitskriege
gegen den welterobernden Cäsar der fremden Zivilisation sich
erfüllen zu sollen. Im Jahre 1813 schlug der deutsche Geist
die große Völkerschlacht bei Leipzig. Er schlug sie für die

Erhaltung seiner Fürsten, die ihn bisher meist nur kläglich ver=
kannt und unterdrückt hatten. Jetzt stand er, der vielfach
Unterdrückte und arg Verkannte, mit einem Male wieder als
eine Weltmacht da, größer als der Welteroberer, edler als
die weltbeherrschende Zivilisation, deren höchster Repräsentant
jener Kaiser war. Es war dieselbe Macht, welche in unseren
großen Meistern zuvor die Herzen der Jugend des seinem
eigenen Wesen entfremdeten Volkes, auch unter dem vielfach
feindlichen Widerstreben der Mitwelt, wunderbar bewegt und
zu den großen Thaten der nationalen Befreiung begeistert
hatte. Die deutschen Fürsten konnten auf diese Macht des
deutschen Geistes ihre Throne wie für die Ewigkeit fest und
sicher stellen; denn diese Macht war zugleich die Macht der
reinsten Treue, der echt deutschen Liebe des Volkes zu seinen
Fürsten, die keine weitere Vermittelung braucht. Und zu
jener selben Zeit des Freiheitskampfes und Sieges lebten
auch noch die größesten der Meister, in denen der Geist dieser
siegenden Macht sich neu offenbart hatte. Noch lebten Goethe
und Beethoven, und in Weber's reinen, schwungvollen Weisen
zog der junge deutsche Geist auch mit den vollen berauschen=
den Klängen der Musik in das Theater ein. Es hätte
diesem deutschen Geiste also bei der Vollendung seines Werkes
einer selbständigen nationalen Kultur auf dem Gebiete der
politischen Wirklichkeit an dem erhabenen Geleite der stäts
lebendigen Offenbarung seines Wesens durch die Kunst nicht
gefehlt. Ja, diese Offenbarung hätte nun erst, unterstützt
durch die politische Macht, ihre vollkommenste nationale Form
gewonnen, die sie vorher in ihrer Vereinzelung noch nicht zu

gewinnen vermocht hatte. Erst auf dem Theater kann die nationale Kunst wahrhaft volksthümlich werden, und erst wenn dem Theater sein allmächtiger Antheil an der volks- thümlichen Blüthe und Wirksamkeit der Kunst gewährt worden ist, kann diese Kunst auch in all' ihren einzelnen Zweigen ebenfalls zum vollständigen freien nationalen Leben gelangen. Das wirklich lebensvolle nationale Theater, auf die Höhe der idealen Kunst erhoben, ist der wahre reine und starke Lebens- quell für alle Kunst eines Volkes, und eben so sehr der voll- kommenste Ausdruck seiner Kultur. So auch muß der leidige Zustand des gänzlich unnationalen und unkünstlerischen mo- dernen europäischen Theaters, das vom Abhub französischer Vorstadttheater lebt, uns als einer der sichersten Werthmesser für den eigenthümlichen Geist der modernen europäischen Zi- vilisation überhaupt gelten. Auch Goethe und Schiller hatten durch das Theater auf den Volksgeist bildend einzuwirken gestrebt, aber sie hatten dabei mit ihren Werken dem Theater, wie es war, vorauseilen müssen, und es wäre nun die Sache des Theaters gewesen, ihnen nachzueilen, eben so etwa wie die deutschen Fürsten dem ihnen vorausgeeilten deutschen Geiste hätten nacheilen müssen, um sich seiner Macht als ihrer eigenen zu versichern. Als nun aber die deutsche Musik dieses Theater mit einem ganz neuen Lebensathem auch zu einer ganz neuen Wiedergeburt zu beleben vermochte, da war der entscheidende Moment eingetreten, wo eine ver- ständnißvolle Unterstützung dieser volksthümlichsten Kunst durch eine eben so volksthümliche Macht dem wirklichen Siege der deutschen Kultur über die fremde Zivilisation in Deutschland

die zweifellofefte Beftätigung hätte geben follen. Daß dies
nicht gefchah und nicht gefchehen konnte, bekundet dagegen
das traurigfte Unterliegen des wiedergeborenen deutfchen
Geiftes in dem neu reftaurirten deutfchen Staatsleben, wo=
von er fich niemals mehr hat wieder erholen können.

Das fiegreich vollbrachte deutfche Kriegswerk hatte dem
Volke feine Fürften erhalten; mit fröhlicher Begeifterung zeigte
fich die durch die Taufe der Thaten geweihete Jugend nun
auch zu dem würdigen Friedenswerke bereit: den in ihrer
Macht geficherten Fürften ein wahres deutfches Volkswefen
fchaffen zu helfen. In den Verbindungen diefer aus den
Kriegswirren wieder zum Studium an den Hochfchulen fich
wendenden Jugend regte fich der jetzt erft zu wahrhaft bil=
bender Wirkung gelangende edele Geift ihres geliebten Schiller
und brang auf Reinigung der Sitten, auf gleichmäßige Ver=
edelung des inneren und äußeren Menfchen. Bisher hatte
fich die Rohheit der verlumpten Söldner des dreißigjährigen
Krieges unter der deutfchen Studentenfchaft fortgepflanzt, um
fich in ihren „Landsmannfchaften" der franzöfirten Zivilifation
des Philifterftandes gegenüber widerlich lärmend breit zu
machen. Nun ward diefes barbarifche Wefen gebannt von
dem ernften Geifte jener deutfchen Jugend, welche an den
Schöpfungen ihrer Klaffiker fich begeiftert und auf den
Schlachtfeldern des Freiheitskrieges geftählt hatte. Unter den
altdeutfchen Röcken der „Burfchenfchaft" fchlugen damals
die feurigften und reinften deutfchen Herzen. An die Stelle
der Rohheit und Beraufchtheit ward die gefunde Kraft und
der wahre Enthufiasmus des wiedergefundenen nationalen

Wesens gesetzt. Dies sahen auch wohl die Träger und
Pfleger der geretteten Macht und alten Ordnung, inmitten
ihres eigenen diplomatischen Friedenswerkes, und sie fürchte-
ten sich vor dieser neuen Kraft. Mit dem Gedanken der
Restauration des Bourbonenthums und des Geistes seiner
Herrschaft auf den Thronen Europas, damit gedachte ein
lustiger Kongreß in Wien nach den langjährigen Schrecken
des Krieges alle Sorge sich auf einmal vom Halse zu
schaffen. Nun aber schien der furchtbare Geist der großen
französischen Revolution, dem das altererbte Vergnügen jener
bourbonischen Herrschaft zum Opfer gefallen war, im eigenen deutschen Lande wiederkehren zu sollen! Der „deutsche
Jüngling" ward nur als „Jakobiner" verstanden, und die
Furcht vor dem also mißverstandenen nationalen Geiste war
schließlich das Einzige, was die Mächtigen jener Zeit von
den hoffnungsreichen Anfängen seiner Wiedergeburt gelernt zu
haben verriethen. Die entsetzlich ertödtende Periode der Reaktion begann, die Demagogenhetzen verödeten unser eben zu
frischem nationalen Leben aufblühendes Vaterland.

In einer Zeit, da Beethoven seine letzten und größesten
Werke schuf, da Weber's Freischütz, Euryanthe und Oberon
entstanden, da Goethe seinen Faust vollendete, in solcher
Zeit, dicht nach dem gewaltigsten Aufschwunge des nationalen
Geistes zur kriegerischen Befreiung des Vaterlandes: da bietet
sich uns dieses Bild der gänzlichen Unterdrückung des deut-
schen Wesens, der gänzlichen Vernichtung aller lebendigen
Keime zu der Ausbildung eines nationalen Volks- und
Staatslebens dar. Das noch immer gleich gewaltige Wirken

des deutschen Geistes in den Schöpfungen jener großen
Meister bleibt ohne jeden Einfluß auf die fernere Geschichte
der Nation; zwischen dem Volke und seiner Kunst, wie zwischen dem Volke und seinen Fürsten, hat das, durch Furcht
und Bedrückung genährte und von oben her immer weiter
sich verbreitende, Unverständniß des Deutschen für sich selber
eine Licht und Luft gegenseitig absperrende Scheidewand gezogen: es giebt von nun an kein wahres deutsches Leben,
keine wahrhaft deutsche Geschichte mehr.

War aber aus einem beklagenswerthen Unverständnisse
für die edele Sehnsucht deutscher Jugend die blinde Furcht
vor Verlust der Macht und vor Störung aller mühsam
wieder hergestellten Ordnung erwachsen, so mußte nun gerade
durch die restaurative Politik solcher Furcht der Macht und
Ordnung der Lebensboden unter den Füßen vernichtet werden, und damit recht eigentlich erst eine wirklich zu fürchtende
Gefahr sich einstellen. Der deutsche Jüngling, der als Jakobiner verkannt worden war, mußte hierdurch zuletzt wirklich in ein verfälschtes Jakobinerthum getrieben werden. Der
Freiheitsgedanke lebte einmal und drang darauf sich zu
verwirklichen; könnte er dies nicht im nationalen Geiste und
dem nationalen Bedürfnisse entsprechend thun, so bot sich
ihm die neueste internationale Form als willkommenes Aus-
kunftsmittel dar. Aus der edel begeisterten Seele der deutschen Jugend im echten Sinne des deutschen Wesens natür-
lich und selbständig entwickelt, hätte er Deutschland zu einer
ihm eigenthümlichen, wahrhaft nationalen Kultur verhelfen
können. Hierbei hätte sich auch das alte schöne, durch nichts

Anderes, durch keinen konstitutionellem Compromiß, zu ersetzende,
lebendige Treuverhältniß zwischen Fürsten und Volk
auf das Herrlichste und Festeste wieder neugestaltet. Nun
aber kam der Freiheitsgedanke, als ein Begriff der Auf=
lehnung, von Außen, von der revolutionären Fremde her,
und nistete sich heimlich immer tiefer in die Herzen der
Deutschen ein, für welche es kein Vaterland mehr gab, darin
sie sich heimisch fühlen konnten. Der als das internationale
Heil sich verkündende französische Revolutionsgedanke er=
schien jetzt wie der wahre Befreier aus aller nationalen Noth
und ward in dem nach seiner idealen Selbstbefreiung ver=
langenden Geiste des deutschen Volkes gegen den schmählich
verkannten echten Begriff der nationalen Wiedergeburt ein=
getauscht.   Blieb aller wahrhaft natürliche und lebendige
Einfluß der eigenen idealen Kräfte im Innern Deutschlands
unterdrückt, so fand dafür jener äußere, fremde Einfluß nur
immer mehr und mehr Eingang.   Mit den revolutionären
Stürmen der dreißiger Jahre aus der immer noch weltbe=
herrschenden Metropole des Westens und aus dem unruh=
vollen aufständischen Slavenlande des Ostens über unsere
Grenzen dringend, bedrohte er nun erst in der That auch
die kaum gesicherte gebietende Macht in Deutschland mit
dem gefürchteten Untergange, den er mit Sicherheit den letzten
Spuren deutschen Sinnes, deutschen Lebens und deutscher
Kunst daselbst bereiten mußte.

II.

In jener verhängnißvollen Zeit zu Beginn des vierten
Jahrzehntes unseres Jahrhunderts trat ich zu Leipzig, ein sieben=
zehnjähriger Jüngling, geboren im Jahre der Völkerschlacht,
zuerst in das eigentliche Leben hinaus, um, mit einer unge=
mein starken Empfänglichkeit begabt, all' seine merkwürdigen
Eindrücke lebhaft in mich aufzunehmen. Ich war niemals
ein musikalisches Wunderkind gewesen; frühe schon hatte in
mir der Sinn für die Poesie mit dem für die Musik
um die Herrschaft gestritten. Erst das Bekanntwerden mit
Beethoven's Symphonien, das etwa im fünfzehnten Lebens=
jahre erfolgt war, erregte in mir eine leidenschaftlich bewußte
Hingebung an die Musik, die allerdings von jeher schon
und namentlich durch Weber's „Freischütz" mächtig auf mein
jugendliches Gemüth gewirkt hatte. In den früheren zu
Dresden verlebten Jugendjahren hatte ich den dort als Ka=
pellmeister wirkenden, hochverehrten Schöpfer des unvergleich=
lichen Werkes noch selbst im Hause der Mutter verkehren
sehen. Das rührende Bild seiner geisterhaft kränklichen Per=
sönlichkeit, in geheimnißvoller Verbindung mit der gewaltig
lebensvollen Wirkung seines Werkes vom Theater herab, hatte

damals in dem staunenden Knaben einen unvergeßlich tief
ergreifenden Eindruck hinterlassen. Durch Beethoven's Sym=
phonien zu einer neuen, gewaltigen Offenbarung gelangt,
erschien mir die Musik nun vollends als eine ganz dämo=
nische Macht, der man durchaus nicht mit dem Maaße irgend
welcher äußeren Form beikommen zu dürfen schien! Ihre
Tonverhältnisse und Bewegungen zeigten sich der jugendlich
erregten Vorstellung vielmehr wie gespenstisch=lebendige Wesen
an, die sich in den aufregendsten Phantasmagorien ganz
persönlich fühlbar machten. Einer so eigenthümlich faszini=
renden Macht gegenüber hatte die auf den Schulen mit aller
erdenklichen pedantischen Trockenheit gelehrte Wissenschaft nicht
lange Stand halten können. Ich war Musiker geworden,
wobei mich freilich immer noch mein dichterischer Nachahmungs=
trieb, der sich schon frühe an Shakespeare und der antiken
Tragödie geübt hatte, nicht ganz verließ. Dem übergewaltig
andrängenden Dämonium der Musik versuchte dieser Trieb
einen gewissen, wenn auch nur erst schwachen Haft, in Ge=
stalt eigener Textfabrikationen, anzulegen. Andererseits drängte
sich auch das Leben mit aufregenden und berauschenden Ein=
drücken heran, als gerade in meiner Geburtsstadt Leipzig
selbst die Wirkungen der Pariser Julirevolution sich in voll=
ständigen Studentenkrawallen und Arbeiterunruhen äußerten.
Dem eben voll erwachten jungen Lebensdrange mußte die
studentische Jugend als eine wunderbare Verkörperung frei=
ester Kraft erscheinen, der sich nun ein wirklicher studiosus
musicae mit Stolz und Freude zurechnen durfte! Zur
selben Zeit trat auch die Wirkung des polnischen Aufstandes

mir begeiſternd nahe. Polniſche Emigranten, ſtolze, ſchöne
Geſtalten, die mich entzückten und für das traurige Schickſal
ihres Vaterlandes mit tiefem Mitleid erfüllten, kamen nach
Leipzig und wurden mir perſönlich bekannt. Dies Alles
wirkte aber noch immer mehr phantaſtiſch als realiſtiſch auf
mich. Inzwiſchen hatte ich mich jedoch auch als Muſiker
an das Licht der Oeffentlichkeit gewagt. Die in mir lebendig
zur Nachahmung anregenden Eindrücke der Muſik Weber's
und Beethoven's ließen ſich aber, wie ich bald erkennen
mußte, nicht ohne ein wirkliches Studium der muſikaliſchen
Theorie in einigermaßen entſprechender Weiſe wiedergeben.
Ich warf mich daher nun endlich mit einem Eifer auf dieſes
Studium, der mir in kurzer Zeit in der Behandlung der
muſikaliſchen Geſetze und Formen volle Selbſtändigkeit ver=
ſchaffte. Die erſte Oper, die ich nun auf einen ſelbſtgefer=
tigten, einem Gozzi'ſchen Märchen entnommenen Text kom=
ponirte, „die Feen", war noch ganz in dem romantiſchen
Style Weber's und Marſchner's gehalten. Doch der in mir
lebende hohe Begriff von der Kunſt ſollte bald eine unwider=
ſtehliche Störung durch die immer wachſenden Einflüſſe des
wirklichen Lebens erfahren. Was in den Nachwirkungen
revolutionärer Ereigniſſe in der Fremde mich phantaſtiſch
angeweht hatte, drang auf den zu voller Lebensluſt erwach=
ten Geiſt des Jünglings auch aus den gierig verſchlungenen
Schriften Heinſe's, des Vertreters eines unbeſchränkten
äſthetiſchen Senſualismus, und aus der Bekanntſchaft mit
jenem neueſten „jungdeutſchen" Schriftſtellerthume ein, das
friſch und ungeſtüm in das unter dem politiſchen Zwange

verdorrende und ersterbende Leben des alten Deutschlands
eingriff, und aus dessen Kreise mir der jugendliche Verfasser
des „jungen Europa", Heinrich Laube, damals befreundet
ward. Dazu kam wiederum ein gewaltiger Eindruck von
der Bühne her durch ein Gastspiel der großen dramatischen
Künstlerin Wilhelmine Schröder-Devrient in Leipzig,
welche den Bellini'schen „Romeo", ein Werk ohne jede Spur
jener Kraft und Tiefe, die mich in den Schöpfungen meiner
geliebten deutschen Meister begeistert hatte, zu höchster dramatischer Bedeutung zu erheben wußte. Mein Auge öffnete
sich durch solche Erfahrungen für das wirkliche Leben. Bald
mußte ich finden, daß, was bisher in mir selbst allein ein
wunderbares Phantasiedasein gehabt hatte, in seiner Verwirklichung draußen unter den Händen der weltlichen Vertreter
der Kunst in todte, farb- und leblose Gespenster verwandelt
erschien, die auf mein nach frischer sinnlicher Wirklichkeit
verlangendes Gemüth keinen Eindruck hervorzubringen vermochten. Dies ward mir zu wahrhafter Verzweiflung klar
an einer Aufführung der neunten Symphonie Beethoven's,
dieser mysteriösen Quelle meiner einstigen tiefsten Entzückun-
gen, unter einem Kapellmeister der berühmten Leipziger Ge-
wandhauskonzerte. Diesem jammervollen Zustande der ernsten
deutschen Kunst gegenüber erkannte ich nun auf dem Theater
ein neues, feurig pulsirendes Element, gleichviel von welchem
Kunstwerthe, wie ich es mir aber mit voller Sehnsucht begehrte. In Gestalt einer großen Künstlerin ward es sogar
zu Möglichkeiten des künstlerischen Eindruckes gesteigert, die
ich in den geistlosen Wiedergebungen unserer größten Meister-

2*

werke niemals sich verwirklichen sah. Ich gerieth in diesem
Sturme der Lebenslust ganz in meine musikalischen „Flegel=
jahre", eine Veränderung, die ich durchaus nicht als eine
Umwandelung meines Wesens oder auch nur meines Ge=
schmackes, sondern eben als ein Erwachen zum Bewußtsein
von der Bedeutung des wirklich Lebendigen bezeichnen
kann. Das Resultat davon war die Dichtung und Kom=
position einer zweiten Oper, nun völlig im modernen fran=
zösischen und selbst italienischen Style: das „Liebesverbot",
eine wild revolutionäre, sinnlich frivole Umgestaltung des
ernsten Dramas von Shakespeare „Maaß für Maaß". Die
Musik selber war mir aus einem Mysterium in der That
zu einem Leben geworden, aber zu einem wie anderen, als
ich es einst in jenem Mysterium schon geahnt hatte. Und
doch, indem es die Musik auf die lebendige Bühne des
Theaters versetzte, war es gerade dasjenige, nach welchem
auch jenes Mysterium in mir zuletzt einzig verlangt hatte.
Der Gewinn der wahrhaft idealen Form dieses der voll=
kommenen Kunst unentbehrlichen Lebens aber war es, wohin
mein eigenes Leben mich nunmehr zu führen hatte.

Als Musikdirektor an städtischen Theatern die praktische
Laufbahn des Musikers jetzt betretend, hatte ich zunächst
volle Gelegenheit, in dem neuen Elemente nach Herzenslust
zu schwelgen. Ich nahm die frisch und unmittelbar wir=
kende, leichte Kunst meiner Zeit feurig in mich auf, um sie
in meiner Weise eben so feurig wiederzugeben. So durch=
lebte ich selbst in den engen Verhältnissen, in denen ich mich
damals bewegte, die Geschichte des Zeitgeistes, wie er in den

künstlerischen und litterarischen Erscheinungen um mich herum
zu charakteristischem Ausdrucke kam. In der modernen Litte=
ratur ward offen mit dem Alten, Ehrwürdigen, Großen ge=
brochen, welches eben mit jenem umzugestaltenden alten, der
Ehre beraubten, kleinlichen Deutschland durchaus zusammen=
zuhangen schien, und seitdem in der That nurmehr noch
nominell als das „Klassische" von der Menge des Volkes
mit einem gewissen dumpf unverständigen Respekte behandelt
ward. Die letzten Spuren deutschen Wesens, welches sich
in einer vom wirklichen Leben abgetrennten, geistvoll künst=
lichen Form als Romantik in der großen nationalen Oede
noch einmal Luft zu machen gesucht hatte, wurden von dem
aus dem Westen herüberdringenden Geiste der revolutionären
Kritik spöttisch ausgetilgt. Es ist dabei bezeichnend, daß die
beiden berühmtesten und talentvollsten Schriftsteller dieser
Periode der Zersetzung, Börne und Heine, nicht von deut=
scher Nationalität waren, sondern jenem Volke der Vermittler
entstammten, dessen Einfluß von nun an mehr und mehr
über Deutschland seine thatsächlich „internationale" Gewalt
gewinnen sollte. Auch die sogenannten „Jungdeutschen"
suchten dementsprechend in ihren vielbändigen Romanen das
fremde Element, welches dergestalt in die ersterbende deutsche
Litteratur eine neue frische Bewegung brachte, zum eigent=
lichen modernen internationalen Weltgeiste zu stempeln,
als dessen erkorene Ritter sie sich selber kühnlich gebährdeten.

In weit effektvollerer Weise sollte dies aber auf dem
Gebiete der Musik gelingen. Hier war auf das Entschie=
denste das fremde, außerdeutsche Genie selbst der unbestrittene

Sieger über die des selbstänbigen Einflusses beraubten, ent=
seelten Ueberreste unserer großen nationalen Kunst geblieben.
Auber's und Rossini's lebensprühende Schöpfungen, die
Blüthen des französischen und italienischen Styles, in denen
wirklich nationale Elemente und große Talente sich zum lie=
benswürdigsten Ausdrucke brachten, und welche geradezu in
der musikalischen Verherrlichung der Revolution, wie in der
„Stummen von Portici" und im „Tell" gipfelten, diese
Werke beherrschten die deutschen Theater. Aber damit war
es noch nicht genug: wiederum mußte jene vermittelnde Na=
tionalität zur rechten Stunde einen eigenthümlich begabten
Mann uns schenken, welcher die Vollendung der Entfremdung
der Deutschen von dem Wesen ihrer eigenen Kunst durch=
führte. Dieser Mann, mit scharfem Instinkt für das Wirk=
same und mit spirituellen Einfällen begabt, die sich einmal
bis zur tragischen Dramatik eines vierten Aktes der „Huge=
notten" steigerten, — welcher aber die höchste Ausnutzung
der wirkungsvollsten modernen künstlerischen Elemente nun in
einer internationalen Mischung aller Kunststyle und Mittel,
unter der neuesten Form der großen historischen Oper mit
allem Prunk und allem Raffinement der theatralischen Effekte
in Scene setzte, war: Meyerbeer. Von Beethoven's Sym=
phonie zu Meyerbeer's Oper, welch' furchtbarer Schritt! Aber
wie sollte der Deutsche ihn damals nicht mit Begeisterung
thun, nachdem ihm sein eigenartiges nationales Sein und
Leben seit den Freiheitskriegen so gründlich zerstört und ge=
nommen worden war, daß Beethoven's große deutsche Musik
ihm in der That nur noch als ein durchaus einflußloses

Frembes, als etwas ganz abschreckend Wunderliches, als die
äußerste Extravaganz eines einzelnen hypergenialen Menschen
erscheinen mußte, von deren Nachahmung oder gar Weiter=
bildung man sich nur scheu und schnell abzuwenden hätte!
Der immer mehr seiner selbst entwöhnte deutsche Geist ward
geradezu entsetzt über seine letzten großen künstlerischen Her=
vorbringungen. Er, der Weber in der Fremde sterben ließ
und den vollendeten Goethe'schen Faust als die unverständ=
liche trockene Geheimnißkrämerei eines in der Hofluft gealterten
Dichters aus dem vorigen Jahrhundert in den Staub der
Bibliotheken legte, er ging nun auch von dem für toll er=
klärten Beethoven fröhlich zu dem für das größeste moderne
Genie erklärten Meyerbeer über und schwelgte bei der inter=
nationalen Revolutionsmusik der „Hugenotten" in der Vor=
ahnung eigener Freiheitstage, wobei der zweifelhafte religiöse
Beigeschmack des Stoffes ihm als pikante historische Würze galt.

War hier Alles unkünstlerische Rohheit und Frivolität,
so regte sich doch andererseits auch der feinere Kunstsinn und
das wirklich künstlerische Talent wieder bei uns und suchte
auf seine Weise die Rechnung mit der in jedem Falle un=
bequem gewordenen großen Vergangenheit zeitgemäß abzu=
schließen. Auch hier trat ein Glied jener überall bei der
Hand seienden reichbegabten Vermittlerschaft erfolgreich voran.
Mendelssohn mußte die Gebildeten des deutschen Volkes,
an der zarten Hand seines schönen, feinsinnigen, spezifischen
Talentes für musikalische Landschaftsmalerei, anmuthig fort=
zuleiten von dem Medusen=Anblick jener, den Philistern, denen
er nicht zugehörte, vielfach erschrecklichen und mehr noch

unbegreiflichen Extravaganzen eines Beethoven, damit aber auch
von den durch seine letzten künstlerischen Thaten eröffneten
großartigen Aussichten für die nationale Kunst. Eben so
weit leitete er diesen Geist einer feineren Weltbildung von
jenen, eine Welt bildenden Urmächten fort, wie andererseits
doch auch von den rohen, seinem geschmackvollen Geiste so
verhaßten Theaterorgien seines unähnlichen Stammesgenossen
in der historischen Oper. Er „rettete“ nach seinem besten
Wissen und Können die Musik in den Salon, als welcher
ihm auch der Konzertsaal und gelegentlich sogar die Kirche
galt; er wahrte ihr in den Stürmen der Revolution eine
zarte, glatte, ruhig kühle, anmuthig friedliche Form, die Nie=
manden aufregte und nichts wollte, als eben dem modernen,
gebildeten künstlerischen Geiste wohl gefallen, und ihn in den
Wehen und Wirren der Zeit auf Momente mit liebenswür=
diger Feinheit tröstlich unterhalten. Ein neuer Begriff von
Kunst entwickelte sich hier: der Begriff einer von dem natio=
nalen Wesen, seiner wirklichen Geschichte und seinem öffent=
lichen Leben losgetrennten reinen, anständigen Gefälligkeit.
Bald vermaß sich aber diese, mit allgemeinem freudigen
Wohlwollen aufgenommene Kunst nun auch aus dem engen
Gebiete des Talentes, welches sie zu repräsentiren außer=
ordentlich befähigt war, herauszutreten und sich der großen
Formen der Genien früherer Kunst zu bemächtigen. Dadurch
reizte sie auch das ernster angelegte, stille grübelnde deutsche
Talent. Robert Schumann, ein sinniger Komponist kleiner,
geistig anmuthiger, gemüthvoll träumerischer Klavierstücke und
Lieder, der deutsche Genremaler gleichsam neben jenem

kosmopolitischen Landschaftsmaler, schreibt nun Symphonien, Oratorien und Opern. Der deutsche „Gebildete", der an eine lebendige große nationale Kunst nicht mehr glaubte, aber in dem unklaren Drange nach seiner politischen Freiheit den leeren Begriff des vergessenen „Deutschthums" mit erneuter Vorliebe verwandte, durfte in solchen Werken die edlen Thaten eines wirklich neu erwachten „deutschen Kunstgeistes" zu er= kennen meinen. Gegenüber dem draußen herrschenden rohen Realismus und der frivolen Sinnlichkeit der öffentlichen in= ternationalen Kunst ward dergleichen „ernste Musik", wenn auch nur mehr in vornehm abgeschlossenem Konzertsaale, nun der Bewunderung der Kenner und Kunstfreunde werth. So spann sich der deutsche Geist in eine künstlerische Träumerei, oder auch nur formelle Kunstliebhaberei ein, indem er, der den großen lebendigen Zusammenhang mit der nationalen Vergangenheit verloren hatte, nun auf eigene Hand „Kunst" für den „Kunstfreund" und „Kenner" zu produziren unter= nahm.

Nicht dahin konnte ich mich jemals gezogen fühlen; die roheste Wirklichkeit einer irgendwie lebendigen Kraft mußte mir verlockender und mehr versprechend erscheinen. Selbst jene große historische Oper, der Gipfelpunkt des nach Deutsch= land hinübergedrungenen fremden Geistes, wo derselbe in das Gegentheil seines natürlichen Ursprunges, in die widerliche Unnatur, umschlug, selbst diese fesselte meinen Blick auf sich. Ich sah in ihr die mannigfachste Fülle der kostbaren Mittel der Kunst entfaltet, um eines dramatisch=musikalischen Effektes willen, der selbst die baare Langeweile und die künstlerische

Leere übertönte. Daß ihm freilich jede ideale Tendenz man-
gelte, dieses begriff ich damals noch nicht als den nothwendigen Mangel des ganzen Genres, sondern mußte es nur
erst der fehlerhaften Neigung des einzelnen Künstlers Schuld
zu geben. Ich selbst suchte mich über die Frivolitäten und
Rohheiten dieser seltsam fesselnden Welt zu erheben, indem
ich, ganz in denselben Formen der großen historischen Oper
und mit womöglich noch überbietender Anwendung aller dazu
gehörigen Effektmittel, meinen „Rienzi" dichtete und kom-
ponirte.

Hier erschien nun das moderne Revolutionsfeuer, welches in meinem eigenen „Liebesverbote" noch so wild und
wüst geflackert hatte, bereits zu einem edleren Lichte verklärt,
und der Held durfte in der That als eine ideale Persönlichkeit gelten, die man nur ernstlich mit Meyerbeer's „Pro-
pheten" zu vergleichen brauchte, um daraus zu erkennen,
wohin mein künstlerischer Trieb mich führte. Aber indem
er mich fast immer nach dem Lebendigen führte, entführte
er mich nun auch ganz meinem deutschen Vaterlande, woselbst ich keine Möglichkeit erblickte, mein durchaus für die
größesten Verhältnisse angelegtes Werk verwirklicht zu sehen.
Was konnte gerade mir solch' ein Deutschland noch gelten,
dessen bedeutendste, lebensvollste Erscheinungen doch nur aus
der Fremde stammten. — In diese Fremde, und — was
bezeichnend ist — geradswegs nach dem Zentrum dieses
modernen Lebens, nach Paris selbst, trieb es nun auch
mich, nachdem ich schon mein letztes Werk nicht innerhalb
der Grenzen Deutschlands, sondern in einer livländischen

Stadt der russischen Ostseeprovinzen auszuführen begonnen
hatte. Der von der nationalen Kunst durch die modernen
künstlerischen Einflüsse abgewendete junge Musiker ward so
gerade durch die Sehnsucht nach der Verwirklichung einer
idealen Krönung seines dem Geiste der Zeit gebrachten
Opfers in jenes Zentrum desselben geführt. Dort sollten
ihm nun die Augen aufgehen über dieses Opfer, sowie über
den idealen Trieb, der dabei in ihm bereits erwacht war,
und der ihn später der Heimath und die Heimath ihm
wiedergab.

III.

Fast ohne alle materielle Mittel, sogar der fremden
Sprache nur kaum zur Noth kundig, machte ich mich mit
raschem Entschlusse auf den Weg und gelangte nach einer
wunderlich langen Segelschifffahrt von dem russischen Ostsee=
strande her über England nach dem ersehnten Ziele. — Hier
in Paris mußte es mir vor Allem darum zu thun sein,
mich, den im wirbelnden Chaos der neuen Welt um ihn
herum wie verschlungenen und verschwindenden unbekannten
Fremden, einigermaßen dort bekannt zu machen, wo man
meiner Kunst die ihr zum Leben verhelfende Aufmerksamkeit
schenken sollte. Nur zu bald mußte ich erkennen, daß es
hier für den ganz Fremden, ohne Mittel und Empfehlungen,
unmöglich sei, sich irgend wie bekannt zu machen. Ich durfte
froh sein, nach unzähligen vergeblichen Bemühungen bei den
Mächtigen und Einflußreichen nur wenigstens meine persön=
liche Existenz fristen zu können, was mir durch die elendesten
Lohnarbeiten nur mit Noth gelang. Die große Oper, das
Ziel meiner Wünsche, glänzte mir allerdings auch in dieses
äußerste Elend noch längere Zeit mit ihrer berückenden Pracht
immer wieder verlockend hinein: ich sah dort die ersehnten

reichen, koftbaren Mittel, aber verfchwendet für die beneidens=
werth graziöfen Darbietungen einer armfeligen und unechten
Kunft, beherrfcht durch das eitele Virtuofenthum eines geift=
lofen Gefanges. Ein wirkliches Leben, ein Volksthum, das
in edeler Kunft fich darftellt, ließ fich auch hier nicht mehr
finden: derfelbe Geift, der aus der Fremde in die unglück=
lich abgeftorbene Heimath wie ein frifcher Lebensftrom ge=
brungen war, erfchien hier in der großartig konventionellen
Form erftarrt und gegen Jeden völlig verfchloffen, der nicht
das Glück hätte, zu den gnädig Protegirten der dort einzig
waltenden Mächte zu gehören. Immer klarer ward mir das
Bewußtfein, daß es undenkbar fei, einer folchen durchaus in
den unkünftlerifchen Gewohnheiten befangenen Inftitution
mit irgend welcher idealen Tendenz beizukommen, und
immer mehr empörte fich dagegen der beffere Geift, den ich
nur als den Geift unferer großen deutfchen Mufik zu faffen
vermag. Die revolutionäre Stimmung der Zeit in mir
fchlug jetzt zuerft und für immer um in den unhemmbaren
Drang nach der Revolution gegen die künftlerifche
Oeffentlichkeit. Und hierbei, wo ich als ganz Ein=
famer in der Fremde ohne eine höhere Hilfe mich hätte völlig
verloren geben müffen, hierbei trat mir, in eben diefer Fremde,
die verlorene und vergeffene Heimath wieder innigft hilf=
reich nahe.

Jn diefer Fremde hörte ich zum erften Male, unter
Habeneck's vorzüglicher Leitung am „Confervatoire‟, vol=
lendete Aufführungen der Beethoven'fchen Symphonien.
Die lange verlaffene Wunderwelt des Jünglings öffnete fich

dem Manne nun von Neuem als eine beseligend wahrhaftige
Wirklichkeit inmitten eines spukhaft wirren Traumes. Be=
geistert durch solche Erfahrungen, schrieb ich jetzt auch wie=
derum ein ernstes symphonisches Werk im reinen deutschen
Style: eine Faust=Ouvertüre, und ging an die, außer=
ordentlich rasch ausgeführte, Dichtung und Komposition eines
neuen, und zwar durchaus romantischen und deutschen dra=
matischen Werkes, das allerdings weit entfernt war von dem
Charakter der fremden „großen Oper", auf die ich mit mei=
nem „Rienzi" gehofft, und von der ich mich schon mit seiner
Vollendung für immer abgewendet hatte. Auf der Seefahrt
nach England, an der skandinavischen Küste, war mir durch
die Schiffer die merkwürdige Sage des „fliegenden Hol=
länders" bekannt geworden: jenes unter dem Banne eines
Fluches einsam durch die Ozeane irrenden gespenstischen See=
mannes, der ewig vergebens nach der Heimath sucht. Ich
selbst fühlte mich jetzt in solcher furchtbaren Einsamkeit in=
mitten des Ozeans öder Fremde und voll tiefster Sehnsucht
nach der in einer wunderbaren Verheißung vor mir wieder
aufgetauchten Heimath. Mit der Ausführung dieser roman=
tischen Sage beschritt ich einen neuen Weg in meiner künst=
lerischen Entwickelung, einen Weg in das wahrhaft Heimath=
liche und in das wahrhaft Ideale, auf welchem ein merk=
würdiges Geschick mir binnen Kurzem mächtig weiter half.
Dort auch in der Fremde erst sollte ich meine heimische
Sagenwelt kennen lernen. Ich las das Volksbuch vom
„Tannhäuser", und mächtig ergriff mich diese sympathisch=
tragische Gestalt und ließ mich, zumal in ihrer Verbindung

mit dem „Sängerkriege auf der Wartburg", wie ich
sie dort vorfand, die Möglichkeit eines großen, tiefernsten
musikalischen Dramas ahnen. Ich las auch das altdeutsche
Gedicht von diesem „Sängerkriege" und fand ihm angefügt
zugleich die Sage vom „Lohengrin". Eine neue Welt that
sich mir auf. Hier war die ideale Form mit einem Male
auf das Herrlichste mir geboten, die ich in der mich um=
gebenden Welt, je glänzender und mächtiger sie erschien, um
so weniger für die Darbietungen der öffentlichen und einzig
lebendigen Kunst des Theaters und der Musik auffinden
konnte. Und hier kam zugleich das Edelste, Eigenthümlichste,
Tiefsinnigste und Kräftigste des ursprünglich deutschen Geistes
zur künstlerischen Offenbarung. Dies gehörte freilich niemals
auf die Bühne der weltbeherrschenden fremden „Oper", nie=
mals in dieses Zentrum des in ihr sich künstlerisch genügen=
den modernen Lebens selbst, wohin nur der Wahn einer un=
bezwinglichen Sehnsucht nach Mittheilung den jugendlich un=
wissenden Künstler geworfen hatte. Vielmehr nur wiederum
in deutschem Boden vermochte er seine natürlichen Wurzeln
zu schlagen, dort, in der Heimath, wohin mich nun die
heißeste Sehnsucht zurücktrieb.

Daß auch dies nur erst eine ideale Heimath sein sollte,
von welcher die Wirklichkeit noch weit entfernt war, dies zu
erfahren blieb mir dabei noch vorbehalten. Jetzt aber geschah
das äußerste Wunder: in mein Sehnen drang wirklich ein
Ruf aus der Heimath nach mir, dem Unbekannten. Mein
in der Verzweiflung der Noth nach der Heimath geschickter
„Rienzi", dieses nur auf die Fremde berechnete und von

mir bereits faſt aufgegebene Werk, hatte mich dort bekannt
gemacht. In Dresden, an der Stätte der Wirkſamkeit
meines geliebten Meiſters, Weber, hatte man die Oper zur
Aufführung angenommen. Da faßte der nun dreißigjährige
deutſche Künſtler die ſeltſamen Ergebniſſe ſeiner Erfahrungen
in der fremden Weltſtadt eilig zuſammen, und mit dem
„fliegenden Holländer“ und den Plänen zum „Tannhäuſer“
und „Lohengrin“ kehrte er voll ſeliger Hoffnungen über den
Rhein zurück in ſein wiedergefundenes Vaterland.

Unter den größeren deutſchen Theatern nahm Dresden
nach dem künſtleriſchen Werthe ſeiner Mittel und ſeiner
Leiſtungen damals wohl den erſten Platz ein. Zwar war
in der Oper die Tradition der Weber'ſchen Leitung bei
ſeinen Nachfolgern ſo gut wie erloſchen; wohl aber lebte ſie
noch als erhebende Erinnerung bei manchem der ausübenden
Künſtler fort. Unter den Sängern befand ſich die Schrö=
der=Devrient, die geniale dramatiſche Künſtlerin, und
Tichatſchek, der phänomenale Heldentenor, an deren Vor=
bildern junge begabte Anfänger ſich trefflich heranbilden
konnten. Welch glühendes Wohlgefühl mußte mir bei der
perſönlichen Einſtudirung des „Rienzi“ dieſes neue Lebensele=
ment erwecken, das mir im ſchroffen Gegenſatze zu den
Pariſer Erfahrungen ſo groß und edel, ſo hoffnungsreich
erſchien!

Der überraſchende Erfolg des Werkes bei dem Dresde=
ner Publikum verſchaffte ſeinem jungen Autor, ohne jede
ſonſt übliche Probe=Bedingung, die Stellung des Kapell=
meiſters an dem bewunderten Hoftheater, und das Ziel ſeiner

Wünsche schien erreicht. Was ich in der Fremde vergeblich gesucht hatte, bot sich mir in der Heimath auf das Schönste dar: die Möglichkeit künstlerischer Sättigung meines idealen Triebes in jeder Hinsicht. Zwar hatte ich in den herrschenden Kunstzuständen bereits genugsam die künstlerische Unwahrheit und die Abhängigkeit von unkünstlerischen Interessen erkennen müssen; noch aber war mir der tiefste Grund derselben so verborgen geblieben, daß ich denken konnte, es handele sich eben nur um Einzelheiten, die ein mit dem rechten starken idealen Willen begabter Einzelner wohl auch gelegentlich beseitigen oder reformiren könnte. Ich war entschlossen, diesen Weg zu betreten. Die Richtung, welche die wirksame Theaterkunst in ihren modernen Erscheinungen genommen hatte, mußte verlassen, das Publikum einer edleren, ernsteren, reineren und vor Allem deutscheren Kunst wieder zugewandt werden. In diesem instinktiven Drange, den in mir lebendigen Trieb nach dem Idealen und Heimischen auch in die Anderen überzuleiten, vollendete ich die Dichtung des „Tannhäuser" und brachte den „fliegenden Holländer" zur Aufführung. Hierbei schon mußte ich einsehen, daß ich mich auf meinem Wege wiederum völlig einsam befand, und daß derjenige Weg, auf welchem das Publikum meinen „Rienzi" bewundert hatte, weit von dem Ziele abführte, wonach ich strebte. Man hatte gehofft, in mir einen neuen Meyerbeer gewonnen zu haben, und fand sich nun durch meinen „Holländer" in die veraltete Sphäre der romantischen Oper zurück versetzt. Die mir neu erschlossene große Sagenwelt ward hier eben nur als interesseloser Opernstoff einer früheren

Geſchmacksperiode betrachtet. Ich ſelbſt aber war auf dem einmal eingeſchlagenen Wege auch durch ſolche Enttäuſchungen nicht mehr zurückzuhalten. Bei dem Eintritt in meine Dresdener Stellung war ich von dem ungeſtümen Verlangen nach dem ſich mir dort verheißenden beglückenden Genuſſe voller künſtleriſcher Lebenswirklichkeit wieder mächtig ergriffen und fortgeriſſen worden. Jetzt ſah ich, daß dieſer Genuß in der mich umgebenden Welt eben auch nur durch Unter= ordnung unter die Mode der herrſchenden Oeffentlichkeit mir möglich werden ſollte.

Aus dem Zwieſpalt zwiſchen Verlangen und Befriedi= gung erwachte um ſo ſtärker die Sehnſucht nach einem höhe= ren, reineren Elemente, worin dieſer im Grunde durchaus ideale Trieb die ſeinem Weſen entſprechende Befriedigung wirklich finden könnte. In dieſer fieberhaft geſteigerten Stim= mung entſtand die Kompoſition des „Tannhäuſer“. In= zwiſchen hatte für mich auch eine andere Arbeit begonnen, eine Kapellmeiſterpflicht, welche in dieſem Falle eine heilige Sache des künſtleriſchen Gewiſſens war, die Verſuche einer würdigen Wiederbelebung der Meiſterwerke aus unſerer großen Vergangenheit. Die Symphonien Beethoven’s, die Opern Gluck’s, Mozart’s, Weber’s waren unter den Händen geiſt= loſer Dirigenten in gänzliche Entſtellung gerathen. Aber dieſe Entſtellung war längſt bereits Gewöhnung geworden, und die Gewohnheit hatte die Autorität für ſich. Ich, in meinen eigenen Werken als ein „Neuerer“ gegen den herrſchenden Geſchmack aufgetreten, vermaß mich nun alſo auch noch, ein Neuerer ſein zu wollen in Bezug auf die altgeweihte Dar=

stellung der ehrwürdigen Werke unserer großen Meister! Zwar
fanden manche kühne Versuche der Wiederherstellung des reinen
Styles jener Werke reichliche Ermuthigung sowohl von Seiten
der ausübenden Künstler, wie auch aus dem wirklich ergriffe=
nen Publikum. Schon aber hatte sich eine über Geschmack und
Urtheil dominirende Kritik in den deutschen Tagesblättern
meiner Leistungen bemächtigt und begann eben damals den
seither durch Jahrzehnte fortgesetzten Kampf gegen mein Thun
und Treiben mit aller der Gehässigkeit und Bosheit, die sie
noch heute dabei auszeichnet. Durch den Einfluß dieser oft
von den bedenklichsten und kleinlichsten Interessen geleiteten
Kritik ist unserem Publikum ein naives, selbständiges Urtheil
fast gänzlich benommen worden. Die schönen Erfolge, die
ein Einzelner errang, konnten bei solcher Hemmung nicht frei
in das Allgemeine übergehen. Je mehr ich die Erfahrung
machte, daß einzelne Hörer von meinen Werken oder von
meinen Aufführungen der älteren Musik wirklich ergriffen und
mir zu wahrer, menschlicher Freundschaft verbunden wurden,
desto schärfer auch mußte ich erkennen, daß es noch keine
Allgemeinheit gab, an welche ich mich vertrauensvoll wenden
konnte. Das deutsche Volk hatte sein eigenes Wesen noch nicht
wiedergefunden, obwohl die Begriffe deutscher Freiheit und
Einheit seinen politischen Schwärmern und Schwätzern immer
geläufigere Phrasen wurden. Aus dem ironischen Bewußtsein
des mit seinem Ideale vor eine ihn mißverstehende Menge
und eine feindselige Kritik gestellten Künstlers entstand jetzt bei
einem Erholungsaufenthalt in einem böhmischen Bade die Skizze
zu den „Meistersingern", während fast zugleich die unter

3*

solcher anscheinenden Heiterkeit in der Seele brennend fort=
wühlende Sehnsucht nach einem schmerzlich entbehrten, liebevoll
verstehenden Allgemeinen zur raschen Dichtung meines
„Lohengrin" trieb. Die hierauf in Dresden erfolgende
erste Aufführung des „Tannhäuser" mit ihrer durchaus ver=
wirrenden Wirkung antwortete auf meine Sehnsucht mit der
für mich entscheidenden Bestätigung der Unmöglichkeit ihrer
Erfüllung in der Lebenssphäre eines kgl. sächsischen Hof=
kapellmeisters. Hier, wo auch wieder die reicheren Mittel
der großen Oper zur Darstellung des größer angelegten
Dramas herangezogen waren, war der Zwiespalt zwischen
der erwartenden Gewöhnung und dem darbietenden Willen
um so ersichtlicher. Diese Mittel, die man gewohnt war
in der großen historischen Oper glänzen zu sehen, dienten
hier einem durchaus ernsten, idealen, romantischen Sagen=
stoffe, an welchem das Publikum, wenn es auch der Dar=
stellung des Werkes seinen Beifall nicht versagte und auch
für seine merkwürdige Fremdartigkeit ein staunendes Inter=
esse zeigte, doch keinerlei wahrhaft inneren Antheil fand.
Oder, wenn es auch bei einer reinen Aufnahme des Dramas,
als solchen, einen allgemein menschlichen Antheil daran hätte
finden können, so war ihm doch gerade die Möglichkeit einer
solchen Aufnahme von vornherein dadurch benommen, daß es
eben nicht ein Drama erleben zu sollen sich bewußt war,
sondern einzig die „Oper" erwartete, in welcher der Genuß
der Gehörsnerven, besonders an der Kunst des allherrschenden
Ariensängers, die Hauptsache blieb. Sah ich also nun, wie
ich für dies Publikum des modernen Operntheaters, um ihm

wirklich zu behagen, nicht sein konnte, wie ich war, und auch nicht werden durfte, wie ich wollte, so brachte es doch andererseits meine Stellung mit sich, daß ich auch hier um der Existenz willen die Wahrheit meines Wesens und meiner Meinungen vielfach hinter dem verhaßten Heuchelscheine einer sozialen Konvention verbergen mußte. Ein tiefer Ekel vor solchen Nöthigungen überkam mich; und je klarer mir das Licht des Ideales leuchtete, je deutlicher ich sah, wohin ich auf meinem eigenen Wege schreiten mußte, um so tiefer erkannte ich nun auch, daß ich es in dieser Sphäre des modernen Theaters, woran ich noch wider Willen gefesselt war, nicht mit einzelnen Erscheinungen, sondern mit einem großen Zusammenhange von Erscheinungen zu thun habe, daß der Charakter der öffentlichen Kunst aus dem des Publikums, und der des Publikums aus dem Charakter des öffentlichen Lebens, der modernen Welt überhaupt, resultire, und daß ich in dieser Welt, sowohl als Künstler wie als Deutscher, wiederum durchaus ein Fremder sei.

In meinem Abscheu gegen die bestehenden Kulturzustände überhaupt und meiner Sehnsucht nach Befreiung von ihnen begegnete ich mich nun mit dem rings um mich her immer stärker sich regenden allgemeinen revolutionären Geiste. Es war der Künstler, der, sozusagen, als zartester Nerv der Menschennatur, am schmerzlichsten das Unnatürliche, daher Unmenschliche, und im höchsten Maaße Unkünstlerische der bestehenden Welt an sich empfand. Nur von der Umwälzung aller jener politisch-sozialen Verhältnisse, welche die Entwürdigung der Kunst, als ihrem Wesen entsprechend, unter sich geduldet hatten, schien sich nun auch eine Wiedererhebung derselben, und insbesondere der öffentlichen Kunst des Theaters, als des eigentlichen Spiegels und Organs der herrschenden Oeffentlichkeit, erwarten zu lassen. In der bestehenden Kulturwelt spielte das Theater nur noch die Rolle einer bequemen Unterhaltungsanstalt, deren allabendlich wiederholte, nie energisch begehrte, sondern vom Spekulationsgeist auf= gedrungene Darbietungen von der sozialen Langeweile der großstädtischen Bevölkerungen mühelos entgegen genommen wurden. Alles, was vom künstlerischen Standpunkte aus gegen diese Bestimmung des Theaters reagirte, hat sich von jeher als wirkungslos erwiesen. Die fürstlichen Dotationen, deren sich die Hoftheater erfreuten, hatten nur der glänzenden Ausstattung der unveränderten inneren Mangelhaftigkeit ge= dient, wobei die ungeschickte Vornehmheit verständnißloser Hofbeamten, die mit der Leitung der fürstlichen Kunstver= gnügungen betraut wurden, nur eine schlechtere materielle Spekulation auf den Geschmack des Publikums zur Folge hatte. Dennoch schien mir aber das Theater, wenn nur von kunstverständigem, edlem Geiste geleitet, auch veredelnd jetzt noch auf ein Publikum wirken zu können, welches dadurch dem Schlechten, Mittelmäßigen, Leichtfertigen und Unechten immer mehr entwöhnt werden müßte.

Dies aus einer gründlichen Reformation seiner alther= gebrachten unkünstlerischen Zustände als möglich zu erweisen, beschäftigte mich jetzt, angesichts der Möglichkeit einer wirk= lichen Umwandelung der herrschenden Zustände. Als Künstler fühlte ich mich gedrungen, die so leicht vergessenen oder

mißachteten Rechte der Kunst in den neu sich gestaltenden
Verhältnissen mit allem nöthigen Ernste zu vertreten. Daß
mein bis in das praktische Detail ausgearbeiteter Reforma-
tionsplan von der noch zu Recht bestehenden fürstlichen Kunst-
verwaltung nur mit höhnischem Schweigen beantwortet werden
konnte, mußte mir nur zu begreiflich erscheinen. Ich wandte
mich nun der neuen, so viel mir verheißenden Bewegung
selber zu. Nach kurzem Betrachten ihres Treibens mußte
mich aber schon das Bedenken beängstigen, ob man bei dem
überall lautwerdenden heftigen Politisiren der Parteien über
den Werth verschiedener, nur miteinander zu vertauschender
Regierungsformen nicht den rein menschlichen Kern der ganzen
revolutionären Bewegung aus dem Auge verliere. Aus diesem
Kerne aber schien mir eine wirklich neue, den Menschen wahrhaft befreiende Kultur allein erwachsen zu können, welche
dann auch in einer ihr entsprechenden menschlich reinen Kunst
ihre edelste Blüthe gewinnen könnte. In der Geschichte hatte
mich von jeher nur der Trieb des Menschlichen in seiner
Empörung gegen einen hemmenden, zum Unrecht gewordenen
historisch-juristischen Formalismus angezogen und begeistert.
In dem Siege einer politischen Partei über die andere konnte
ich keinen Sieg der natürlichen Menschheit über große historische
Zivilisationsgewalten erkennen, deren Herrschaft dem reinen
Menschen die Freiheit seiner edelsten Bewegung benahm. Als
ich mich von den ganz in den Interessen der Zeit befangenen
Politikern mit dieser Mahnung an den wahren Kern der
Revolution durchaus mißverstanden fand, wandte ich mich
von der Wirklichkeit ab wieder meiner idealen Welt zu. Ich

suchte jetzt in der Kunst um so mehr und sicherer zu jenem
einzig von mir begehrten reinen, freien, starken und schönen
Menschen zu gelangen. Wie dem suchenden Künstler jetzt
noch einmal die geschichtliche Wirklichkeit und das künstlerische
Ideal gegenübergetreten waren, so bot sich ihm nun noch
einmal ein historischer und ein rein mythischer Stoff zur
Wahl dar: Friedrich Barbarossa und Siegfried. Zeigte sich
in dem Ersteren nur wiederum der durch die Verhältnisse
bedingte Mensch, so trat in dem Anderen, je klarer seine
Gestalt aus der Fülle verworrener Quellen auftauchte, um
so erhabener und beseligender der von allen zeitlichen Verhältnissen befreite reine Mensch hervor und bestimmte mich
zur Entscheidung für seine, ebenfalls an keinerlei äußere Verhältnisse mehr gebundene künstlerische Darstellung.

Das geschichtliche Gewand bedeutet für uns etwas
Fremdes, das den Menschen vom Menschen scheidet. Im
reinen Mythos tritt das Allgemeinmenschliche dem Menschen
aller Zeiten als das Ureigenste wieder in den einfachsten,
klarsten typischen Beziehungen, in einer Welt freiester Gefühle und Empfindungen, jeder Abstraktion und Konvention
ledig, entgegen. Dieser außerzeitliche natürliche Mensch kann
demnach auch nur in der Sprache der Musik reden, deren absolute
Gefühlswelt ihre individuelle Bestimmtheit durch das Gedicht
eines eben so rein menschlichen Dramas empfängt. Wenn
auch „Tannhäuser" und „Lohengrin" schon sehr bestimmt
das Suchen nach diesem reinen Menschen erkennen lassen,
das nur immer individuellere Gestaltung verlangte, so war
dabei doch noch das Bewußtsein in mir waltend gewesen, daß

meine Dichtung von vornherein für den mufikalischen Aus=
druck, und dieser für die Wiedergabe auf der bestehenden
Bühne bestimmt sein sollte. Jetzt aber, nach der allmählichen
Gewinnung des vollen Besitzes dieses musikalischen Aus=
druckes, zur freien künstlerischen Verwendung, jetzt ward
durch die Dichtung selbst dem Musiker die Nothwendigkeit
der ihr durchaus eigenthümlichen musikalischen Ausführung
geboten. Das allgemeinmenschliche Mythendrama, wie es
sich aus dem Studium und der dichterischen Bearbeitung
unseres nationalen Hauptsagenstoffes von den „Nibelungen"
nun immer lebendiger in der Phantasie des bereits dem be=
stehenden Kunsttreiben am Theater innerlich Weitabgewandten
sich gestaltete, dies konnte auch nur fern von jeder Opern=
bühne und ihren Gewohnheiten zu vollkommenem Leben ge=
langen. Es entstand zunächst als ein Drama des dichte=
rischen Gedankens, sowie es dem idealen Volksthum ent=
sprochen hätte, welches mir ebenfalls den reinen Menschen in
seiner wahren Freiheit darbieten sollte, und wovon die Re=
volution der Gegenwart allerdings bisher noch keine Ahnung,
geschweige denn ein bewußtes Verlangen, dem des Künstlers
gleich, verrathen hatte. Wie dann also nun „Siegfrieds
Tod", der tragische Schlußmoment der ganzen großen Ni=
belungensage, ohne jede Rücksicht auf die Oper und die be=
stehende Bühne gedichtet ward, wie gerade im Drange nach
der höchsten Verwirklichung der Kunst, der Künstler selbst
von der Wirklichkeit ab und ganz dem Idealen sich wieder
zuwenden mußte, so traf mich die Revolution, welche nun
im Jahre 1849 in Dresden selbst zum Ausbruche kam, in

der That mehr denn je eben einzig nur als den Künstler,
der mit ihr, dem eigenthümlich politisch realen Charakter
ihrer Bewegung nach, innerlich nichts zu thun hatte. Das
Einzige, was ich dieser Wirklichkeit, in welche ich mich nun
doch wie in einen wüsten Traum plötzlich selbst mit ver-
wickelt fand, für alle Zeit innig zu verdanken haben sollte,
war das, was ich gerade jetzt als Mensch und Künstler am
Nöthigsten bedurfte: die Freiheit.

Mein damals offen bekundetes Interesse an dem ersehnten Wandel der bestehenden, wesentlich widerwärtigen
Hemmungen für die Entwickelung einer reinen, freien, schönen
Menschlichkeit (welches sich doch nur so geringe bestimmte
Hoffnungen aus dem politischen Kampfe der Gegenwart zu
schöpfen vermochte), ließ mich, den amtlich angestellten Musiker,
in den Augen der siegenden alten Ordnung als wirklichen
Revolutionär, gleich jedem thörichten politischen Demagogen
und sozialistischen Fürstenhasser, erscheinen, und führte mich
zur entscheidenden Stunde als Flüchtling aus der Welt der
Politik in das Exil.

IV.

Während in Deutschland die revolutionäre Bewegung
bei ihrem Unterliegen nur einer neuen Reaktion wich, so
fand ich dagegen in der völligen Freiheit meines Schweizer
Exiles die endlich ganz ungestörte Einkehr in mich selbst
und den durch keine gegensätzliche Wirklichkeit behinderten
reinen Anblick meines Ideales mir gesichert. Hier vermochte
ich mir nun meine eigene ideale Welt auszubauen und zu
beleben. Gänzlich abgeschlossen von der modernen Bühnen-
welt, fühlte ich mich jetzt vor Allem gedrängt, das, was in
mir lebte und nach Gestaltung verlangte, und was mich in
ein so seltsames Verhältniß zur Mitkunst und Mitwelt gebracht hatte, als Schriftsteller mir selber gleichsam als das
räthselhafte Gesetz meines Daseins klar zu machen. Hiermit
konnte ich zugleich der Welt, die ich nun verlassen, in un-
beschränkter Freiheit die Wahrheit sagen, die sie selbst
mich gelehrt, und deren Erkenntniß mich erst ganz zum
freien, von ihr unabhängigen Künstler gemacht hatte. In
meiner ersten Schrift, „die Kunst und die Revolution"
ward der erkannte Zusammenhang unserer Kunstzustände mit

dem sozial=politischen Zustande der heutigen Welt deutlich
bezeichnet.*)

[Wie die Revolution, welche in der Welt der Po=
litik zum Ausdruck gekommen war, nicht dem Begriffe
der großen Menschheitsrevolution entsprach, von der
allein sich die innere Umwandlung der herrschenden
Kultur und die Wiedergeburt einer reinen, großen all=
gemeinen Kunst erwarten läßt, so auch entsprach der Be=
griff der Kunst, der innerhalb dieser Welt vor und nach
der Revolution der herrschende und allein verstandene
war, nicht jenem idealen Begriffe, der dem Künstler als
Ideal vorschwebte, und der eben nur im engsten Zu=
sammenhange mit dem Begriffe einer ganzen Volkskultur
zu denken war. Das ewig leuchtende Vorbild eines
solchen Zusammenhanges von Volksseele und Kunst ist
die Erscheinung des griechischen Volkes, welches mit
der Vereinigung aller künstlerischen Aeußerungsweisen zu
dem erhabenen Gesammtkunstwerke seiner Tragödie die
göttliche Feier seines eigenen starken und schönen Helle=
nischen Menschenwesens in religiöser Gemeinsamkeit der=
einst so herrlich beging. Der Verfall der Kunst, der
mit dem Verfall des Griechenthums eingetreten war,
führte zu dem noch späten Resultate: daß die unter der
römischen Zivilisation entartete und vom christlichen Geiste
verworfene Kunst, nach ihrer Wiederbelebung zur Zeit

---

*) In der folgenden Darstellung erlaubte sich der Heraus=
geber für den deutschen Leser einige kleine erläuternde Zusätze,
welche aber durchweg in genauer Uebereinstimmung mit den
eigenen Gedanken und Aeußerungen des Verfassers von „Kunst
und Revolution“ gehalten sind.

der Renaissance, nun nicht mehr als der freie, natürliche Ausdruck eines allgemeinen Volkslebens, sondern
nur noch im Dienste, erst des Geistes und des Reich-
thumes der Mächtigen, dann aber endlich der gemeinen
Industrie und der großen Heuchelei der modernen So-
zietät ihren erhabenen Werth verloren hatte. Ihr eigentliches Leben, das, aus einer freien Allgemeinheit geboren, sich als allgemein-verständlich wiederum darbietet,
war seitdem dahin. Und doch sollte mit der Auflösung
des unmenschlichen antiken Sklaventhumes, mit der Ver-
kündigung des christlichen Gedankens der Gleichheit
der Menschen, auch der echtmenschlichen Kunst ein noch
edlerer und weiterer Boden zu Theil geworden sein, um
dort erst ihr höchstes Gedeihen, als Darstellung des
wahrhaft freien Menschen in einer ebenso wahrhaft all-
gemeinmenschlichen Gemeinsamkeit, ermöglicht zu finden.
Aber diese allgemeine Kultur des „freien Menschen"
war eben bisher noch niemals verwirklicht worden. Der
moderne Mensch war weder frei, noch ein in sich selbst
einiges Wesen. Tausendfältige Interessen zersplittern
in ewiger Unruhe sein flüchtiges Leben, und nur in der
allgemeinen Sklaverei unter der Gewalt des sozialen
Scheines und der sozialen Noth sind alle Menschen heute
sich gleich. Die große Menschheitsrevolution allein könnte
den freien und einigen Menschen ermöglichen; in ihrem
Sinne allein wäre die revolutionäre Bewegung auch für
die wahre Kunst von heilsamer Wirkung gewesen.

Diese wahre Kunst aber, welche der höchste ideale
Ausdruck einer allgemeinen echt menschlichen Kultur sein
sollte, war wiederum nur zu denken: als jene größeste
Kunst der vollkommensten Menschendarstellung durch die

vereinigten Mittel aller Künste, gleich der griechischen
Tragödie. Die Zersplitterung dieses allgemeinen Kunst=
werkes in selbständig und einsam sich fortentwickelnde
Einzelkünste war mit der Zersplitterung des ganzen
antiken Volksthumes Hand in Hand gegangen. Diese
Einzelkünste nun aber, ihre besonderen Fähigkeiten bis
zur höchsten Virtuosität ausbildend, gewannen doch aus
sich allein niemals wieder die Bedeutung jener verlorenen
großen, allgemeinen Kunst. Sie stellten sich dem Volks=
leben glänzend gegenüber; aber sie waren nicht mehr
der adäquate, in erhabener Idealität wahrhaft volks=
·thümliche Ausdruck einer künstlerisch mitempfindenden und
mitschaffenden Allgemeinheit. So lange sie die Reinheit
ihrer künstlerischen Gattung sich wahrten, blieben sie
vielmehr ein wohlgepflegter, edelster Luxus für die Lieb=
haber und Kenner und wurden nur erst von hier aus
auch für ein größeres Publikum, durch Heranziehung
für das an sich Unvolksthümliche, genießbar. In sol=
chem Genusse erkannte also das Publikum nicht etwa
die Darstellung seines ureigenen nationalen oder des all=
gemeinmenschlichen Wesens, als vielmehr die Bekundung
seiner erworbenen feineren, spezifisch=künstlerischen „Bil=
dung". Andererseits aber zeigte sich doch auch schon
in den freisten und lebendigsten Ausdrucksformen dieser
Einzelkünste selber, in Dichtung und Musik, der unhemm=
bar wachsende Drang nach Vereinigung ihrer nur erst
nach einer Seite hin gewandten Ausdruckskräfte. Es
war ein Verlangen vorhanden, wie nach einem ver=
lorenen Paradiese, außerhalb welches der Kultur=Mensch
der Geschichte wohl seiner Sehnsucht die bewunderungs=
würdigsten Ausdrucksformen gegeben hatte, ohne doch

die Wirklichkeit des Paradieses dadurch wieder schaffen zu können. Dieses Verlangen, von dem Künstler auf's Tiefste empfunden, stand nach einem lebensvollen Ge= sammt=Kunstwerke, welches den ganzen Menschen all= seitig vollkommen darstellen sollte. Dem Musiker sagte dies vor Allem Beethoven's Symphonie, deren drän= gendes Hinströmen in eine deutende Bestimmung ihres unendlichen Ausdruckes durch das ausgesprochene Wort in dem erhabenen Gesange der Schiller'schen Freuden= hymne am Schlusse der neunten Symphonie seine Be= friedigung zu finden gesucht hatte. Dieser idealen Ent= wickelung gegenüber hatte sich aber eine scheinbar wirk= liche Vereinigung der Künste bereits in der Oper her= gestellt; hier gab es gleichsam einen künstlichen Kontrakt für die äußerliche Assoziation der Kunstmittel zum Zwecke eines besonders effektvollen Vergnügens. Auch das „Ge= sammtkunstwerk" mußten die Meisten überhaupt nur erst unter dem Begriffe dieser „Oper" zu fassen, oder sie meinten es gar in der bisherigen Oper, so weit es über= haupt möglich sei, in der That bereits verwirklicht. Aller= dings, bei der dort herrschenden kombinatorischen, wenn nicht gar nur intermittirend abwechselnden Verbindung der Ausdrucksmittel, und bei der gänzlichen Unterordnung des Dramas, als des eigentlichen Zweckes jeder theatra= lischen Darstellung, unter das einzelne Ausdrucksmittel der Musik, vornehmlich des Ariengesanges, mußte dieses Kunstwerk der „Oper" zwar für sehr wirkungsvoll, aber für durchaus untergeordneten Werthes gelten. Von der künstlich entstandenen, herkömmlich gewordenen Form eben dieser Oper konnte freilich jede neue Reform des Theaters seitens des Musikers nur ausgehen; aber immer

entschiedener hatte der Künstler, der solche Reform unternahm, den dramatischen Zweck vorangestellt, dem alle
Kunstmittel nur den vollkommenen Ausdruck zu schaffen
haben, und immer freier hatte sich dabei auch die Fähigkeit entwickelt, diesem Zwecke durch die Musik überall
den möglichst entsprechenden Ausdruck zu schaffen. Aus
eigenen Erfahrungen des schaffenden Musikers und Dichters ward die unabweisbare Erkenntniß derjenigen idealen Kunstform gewonnen, in welcher das Allgemein-
menschliche, als der größeste Gegenstand der Kunst, sich
am Vollkommensten wiederum einer künstlerisch gearteten
Allgemeinheit zu offenbaren vermöchte. In wie schroffem
Gegensatze solche Erkenntniß zu allen landläufigen Begriffen einer unkünstlerischen Gegenwart stehen mußte,
in ebenso innigem Zusammenhange stand sie doch mit
den edelsten Ahnungen und Bestrebungen derjenigen großen
Künstler der Vergangenheit, die für uns bisher in erhabener Einzelheit allein die Kunst repräsentirt hatten.]

Diese erste Erkenntniß suchte ich mir dann in zwei
weiteren Schriften „das Kunstwerk der Zukunft“ und
„Oper und Drama“ noch bis in das Einzelne zum voll-
sten Bewußtsein zu bringen. Eine solche schriftstellerische
Abrechnung mit der Welt und Aufklärung über mein Ideal
konnte jedoch damals in dem fast aller Ideale beraubten
Vaterlande nur als die kurzweg todtzuschweigenden Er-
güsse eines seltsamen „Opernkomponisten“ aufgenommen
werden, der im Revolutionsfieber zu den ungeheuerlich-
sten Phantasmagorien fortgerissen und dabei durch das
Exil künstlerisch bereits völlig todt gemacht war. So

hätte ich mich wirklich in meiner neugewonnenen Heimath
ganz abgeschieden befunden, und wäre dabei, durch die
ewig wache menschliche Sehnsucht nach der Möglichkeit
einer Mittheilung an ein lebendiges Gefühlsverständniß
außer mir, doch nur zu bald wieder in die Verzweiflung
am eigenen Dasein getrieben worden. Da ward mir durch
die Wunderthat eines, zugleich mit dieser künstlerischen
Heimath, mir neu. gewonnenen einzigen künstlerischen
Freundes die herrlichste Hoffnung von Neuem erweckt
und auf meinen seltsamen Weg aus der Welt der Wirk=
lichkeit in die Einsamkeit des Ideales mir mitgegeben.

Franz Liszt brachte den „Lohengrin" in Weimar
zur Aufführung. Die reaktionäre Kritik konnte sich darum
nur insoweit kümmern, als sie sich daraus in ihrer Weise
einen Spaß zurecht machte. In der kleinen thüringischen
Dichterstadt war aber damit doch Etwas geschehen, was
für das Leben meiner Kunst in der Heimath auf alle Zeit
von größester Bedeutung blieb. Liszt's edler Künstlergeist
hatte alle Mangelhaftigkeit der Mittel ersetzt und die Auf=
führung zu einer wahrhaft lebensvollen gemacht. Diese
kühne That ward der Ausgangspunkt zur Bildung einer
zunächst um die verehrte Person jenes Meisters sich scha=
renden Genossenschaft. Durch ihn zuerst belehrt und be=
geistert, erstanden hier Anhänger meiner von der Welt ver=
achteten und vergessenen Kunst. Mochten meine Schriften
in Deutschland nicht gelesen, meine Werke nicht gegeben
werden: hier war für mich ein wirkliches Leben der Kunst
doch einmal erschienen, hier der Keim einer Zukunft

gelegt, hier bildete sich etwas aus, was den geträumten Be=
griff des künstlerischen „Volkes" in hoffnungsvollen An=
fängen andeuten durfte. Und von hier aus erging nun
auch der Ruf des Freundes an mich: jenes bereits ange=
kündigte neueste Werk aus dem großen Stoffe der Ni=
belungensage, die Tragödie des Siegfried, für ihn, für
dieses um ihn sich bildende „Volk", zu vollenden.

Mit erneuter feuriger Lust ward der ganze vielum=
fassende Entwurf des Nibelungenmythos, als nothwendige
Ergänzung der bereits in Dresden voraus gedichteten
Schlußtragödie, nunmehr in dreien Dramen mit einem Vor=
spiele zur dichterischen Durchführung gebracht. So entstand
die Tetralogie „der Ring des Nibelungen" in ihren
vier Theilen: „Rheingold", „Walküre", „Siegfried",
„Götterdämmerung". Bei der thatsächlichen Ausführung
war ich wieder ganz der von jeder Reflexion befreite Künstler
geworden. Nachdem ich in meinen Schriften alle Zweifel und
Unklarheiten mir von der Seele fortgetrieben hatte, konnte
ich nun erst in künstlerischer Selbständigkeit den bereits be=
gonnenen Weg zur Vollendung der im eigenen Schaffen
gefundenen idealen Form weiter schreiten. So gewann ich
durch das Werk selbst mir auch den Gedanken seiner einzig
möglich erscheinenden dereinstigen künstlerisch entsprechenden
Darstellung. Dachte ich nun die durch den Freund
mir gewiesene einzelne Möglichkeit in das Allgemeine
übertragen, so erschien mir diese kühnlich geplante Dar=
stellung nicht mehr als ein bloßes Phantasiegebilde, mochte
auch damals sich mir ringsum, bis auf jene eine kleine

Schaar, mir das gerade Gegentheil der geforderten Allge=
meinheit darbieten. Ich schritt zur Ausführung der Kom=
positon in dem Bewußtsein hiermit ein Werk zu schaffen,
dessen Verwirklichung nur ganz außerhalb jedes gewöhn=
lichen Theaterverhältnisses stattfinden könnte. Eben dadurch
aber schien es mir zum natürlichen Beispiele dessen wer=
den zu müssen, was ich mir unter der öffentlichen
Kunst des Theaters, in ihrer edelsten Form, vorstellte.

Frei bleiben sollte dieses Beispiel von allen außer=
künstlerischen Interessen und Abhängigkeiten jener unseligen
stehenden Bühnen, welche Tag für Tag ihre bunten Ver=
gnügungen einem vielfach gemischten und unkünstlerisch ge=
sonnenen Publikum nur in flüchtiger Würdelosigkeit darzu=
bieten vermögen. An eigener Stelle für sich allein sollte
es bestehen, und, ohne Rücksicht auf irgend welchen Ge=
winn, sollten seine seltenen festlichen Darstellungen von einer
nur für das Kunsterlebniß versammelten Menge bewußt=
voll entgegengenommen werden. In solcher Form erschien
eine ganz neue theatralische Institution möglich zu
werden, die durch Lösung ihrer ausschließlichen Aufgabe, der
vollkommenen Ausbildung und würdigen Ausübung reinen
Kunststyles, es endlich erreichen könnte: den Begriff der
Kunst überhaupt zu der ihm gebührenden exzeptionellen
Würde wieder zu erheben. In solcher Institution konnten
durch eine ungestört ruhige und verständnißvoll sorg=
same Pflege die Kunstwerke, welche im Alltagsdienste der
Oeffentlichkeit styllos abgefertigt werden müssen, end=
lich in ihrem eigenthümlich reinen Style zu ihrem wahr=

4*

haft künstlerisch vollkommenen Leben gelangen. Mußte
ich die einst erträumte freie allgemein-menschliche Kultur
als unerreichbar erkennen, so däuchte es mich doch um so
werthvoller, durch ein solches Beispiel künstlerischer Thaten
den Sinn für die wahre Bedeutung der Kunst bei allen
dafür Empfänglichen zu erkräftigen oder zu wecken. Durch
immer wachsende Gewinnung eines davon mächtig ange-
zogenen Publikums war alsdann die Veredelung und Befreiung eines reichbegabten Volksgeistes zu befördern, der
in die Nöthe seiner Unfreiheit und in die Rohheit seiner
realen Interessen immer tiefer zu versinken drohte. Mit
der Verkündung eines solchen Planes, der damals überall
als mindestens ebenso unerhört wie meine Revolutions-
träume galt, und mit dem ausgesprochenen Wunsche eines
derartigen einstigen festlichen Beispieles, schied ich als
Schriftsteller von meinen Freunden und begann wieder ganz
als schaffensfroher Musiker die Komposition des „Rheingold“, vollendete die „Walküre“ und ging an die musikalische Ausführung des „Siegfried“, unbekümmert darum,
was die „Welt“ von dem Künstler denken mochte, der von
seiner idealen Welt aus die einst mögliche edele Verbindung
derselben mit der Realität bereits gefunden zu haben glaubte.

V.

Inzwischen schien sich auf einem seltsamen Neben-
wege eine solche Verbindung zwischen der Idealität und
der Realität schon allmählich von außen her gestalten zu
wollen. Noch während der Arbeit an dem Nibelungenwerke drangen nach und nach frohe Botschaften über die
Berge, daß trotz allen feindseligen Unterdrückungsversuchen
die Gestalten des „Holländer“, „Tannhäuser“ und „Lohengrin“ sich dennoch über die deutschen Bühnen verbreiteten
und die immer lebhaftere Freundschaft des großen Publikums sich gewannen. Dies durfte ihren Schöpfer einerseits
mit neuer Hoffnung erfüllen, daß ihm auch für die Ausführung seines größten Planes eine theilnahmsvolle Allgemeinheit sich in der That heranbilde. Andererseits aber
mußte es ihn, als Künstler, recht beunruhigen, diese
Wirkungen der Werke von Darstellungen derselben ausgehen zu sehen, auf welche er selbst nicht den geringsten
Einfluß hatte ausüben können. Durch noch gänzlich in
dem neuen Style ungeübte Theaterkapellmeister waren sie
in dem gewöhnlichen Gange des Repertoires und in der
nothwendigerweise dort herrschenden würdelosen Manier,

mit allen möglichen, sinnlos angebrachten Verkürzungen, einstudirt und aufgeführt worden. Gerade dasjenige also, was mit diesen Werken angestrebt war, die Ausbildung und Wahrung eines reinen Styles künstlerischer Darstellung, blieb dort ganz unbeachtet. Um so größer mußte die Verwirrung werden, wenn nun diesem Publikum, das sich an die Werke in solcher verwischten und verstümmelten Gestalt bereits gewöhnt und dafür begeistert hatte, nachträglich der Autor mit ungewöhnlichsten, gewaltigen Anforderungen für die Darstellung eines neuen Werkes kommen wollte! Alles dies mußte vielmehr dahin wirken, einen Versuch zu wagen, dem nun soviel freundlicher gestimmten deutschen Theaterpublikum sich wiederum ernstlicher zu nähern. Dazu kam noch ein anderer, sehr lebhaft dazu antreibender Umstand. Seit acht Jahren hatte keine Aufführung eines meiner dramatischen Werke mit erfrischender Anregung auf meine konzeptiven Kräfte mehr gewirkt; meinen „Lohengrin" hatte ich, von Deutschland ausgeschlossen, selber noch niemals gehört. Die Möglichkeit der Aufführung meines Nibelungenwerkes in meinem Sinne mußte selbst den Hoffnungsvollsten in weite Ferne gerückt erscheinen. Die Beschäftigung damit spannte nicht nur die künstlerische, sondern auch die moralische Kraft in mir auf das Aeußerste an. Aus dem Drange nach Ermöglichung eines nicht allzufernen, Geist und Sinne mir stärkenden Wiedergenusses lebendiger Kunstdarstellung entstand mir nun auch die Ausführung des Stoffes von „Tristan und Isolde", der mich seit längerer Zeit schon innig beschäftigt hatte. Das

hierdurch unterbrochene Nibelungenwerk war für mich an
keinerlei Zeit gebunden; seine Ausführung blieb einzig von der
Möglichkeit der Ausführung des ganzen Darstellungsplanes
selber abhängig. In „Tristan und Isolde" aber erschien
nur wiederum gleichsam ein Theil desselben Werkes, der
Liebesmythos, einzeln herausgenommen. Auch durfte ich,
wie ich glaubte, mir davon erhoffen, daß der eigenthümliche
Styl des Werkes, sobald ich in die Lage gesetzt würde,
direkten Einfluß auf seine Verwirklichung zu gewinnen,
das Publikum von einer weiteren Mißdeutung meiner
Kunst ferne halten und mit dem Style meines größeren
Werkes vertrauter machen könnte. Es sollte mir jetzt
jedoch noch nicht gelingen, meine Rückkehr nach Deutschland
zu diesem künstlerischen Zwecke durchzusetzen. Noch blieb
ich mit meiner Kunst ein Verbannter; und wenn ich nicht
länger auch von ihr verbannt bleiben, wenn ich mich mir
selber endlich einmal zu Gehör und meine Werke zu dem
so innig ersehnten Leben bringen wollte, dann mußte ich
mich abermals nach der Fremde wenden: das Jahr 1860
brachte mich wiederum nach Paris.

Zum zweiten Male lockte mich hier jenes als
Lebensbedingung der Kunst nothwendigste, andere Element,
das Element der sinnlichen Wirklichkeit. Es erwies sich
zwar auch jetzt als unmöglich, meine Werke mit einer eigens
dafür von mir ausgewählten deutschen Truppe annähernd
im Sinne von Musterdarstellungen zur Ausführung zu
bringen. Doch eröffneten sich nunmehr in der That die
Pforten jener einst so ersehnten „großen Oper" auf

kaiserlichen Befehl für die Aufführung des „Tannhäuser".
Im Verlaufe dieser Unternehmung, wobei ich wohl an
meinen einzelnen französischen Freunden ein beglückendes
wirkliches Verständniß für die ideale Tendenz meiner
Kunst erfahren durfte, welche meinen deutschen Kunst-
genossen nur als bespottenswerthe Chimäre meines Hoch-
muthes erkenntlich blieb, ward es mir jedoch immer klarer,
wie eben das, was dem Deutschen die „Kunst" bedeutet,
auch nur auf einem Boden ausgebildet werden könne, auf
welchem die moderne Form nicht zu so prägnanter Schärfe
sich gestaltet hatte, wie im französischen Kunstwesen. An
der feststehenden Konvention dieses spezifisch französischen
Kunstwesens, das dem deutschen Kunstwerke keinerlei Kon-
zession zu machen vermag, scheiterte die Unternehmung,
trotz der entschiedenen Theilnahme, welche ihr hier zum
ersten Male von Seiten der Macht, nämlich des Kaisers
Napoleon III. selbst, bewiesen worden war. Dem gegenüber ward aber nun allerdings auch die Macht in der
Heimath soweit erweicht, die beschränkte Erlaubniß zur
Wiederkehr nach Deutschland (außerhalb Sachsens) zu geben.
Ein Gewinn bei dieser seltsamen Heimkehr war jedenfalls
das bestärkte Bewußtsein, daß jene Form, welche soeben
so schmerzlich als unablösbar eigenthümlich im französischen
Kunstwesen sich hatte erkennen lassen, dem deutschen Kunstwesen nur als eine unziemliche Entstellung, wie ein nach-
lässig übergeworfenes fremdes Gewand, abgezogen zu werden
brauchte, um das darunter von großen Meistern längst vorbereitete reinmenschliche Kunstwerk in seiner eigenen Form

und Freiheit deutlich aufzuzeigen. Daß meine idealen Wünsche
sich aber auch hier immer noch nicht so bald erfüllen sollten,
daß vielmehr zunächst ein jahrelanges Irren durch die
Heimath mir noch beschieden war, und ich es nicht einmal
durchsetzen konnte, mein neues Werk, den „Tristan", an
irgend einer deutschen Bühne zum Leben zu bringen, darin
empfand ich jetzt, nach meiner neuesten Pariser Erfahrung,
mit Schmerz und Scham den eigenthümlichen Fluch der
Machtlosigkeit des deutschen Künstlers, dessen Streben
einzig als persönlicher Ehrgeiz begriffen ward. Jene echt
deutsche Fähigkeit die Kunst allein um ihrer selbst
willen zu wirken und das künstlerische Verlangen dieser
Fähigkeit auch eine Wirksamkeit nach außen zu ermöglichen,
wodurch die ideale Bedeutung derselben, wahrhaft erst über
alles Persönliche hinausgehoben, zum allgemeinen Wohle
der verwahrlosten öffentlichen Kunstzustände ver=
werthet werden könnte, — wie sollten sie je ihre heilsame
Befriedigung finden ohne die Hilfe der Macht, da, wo
alles wahrhaft Freie, Schöne und Edele, alles über den
Nutzen des Staates, des Handels und der Industrie sich
Erhebende für sich allein so machtlos erschien, wie im
deutschen Vaterlande? Fragend wendete ich mich, bei der
Veröffentlichung meiner Nibelungendichtung, an diese Macht,
welche mein Ideal zur Verwirklichung bringen könnte:
die Frage blieb ohne Antwort. — Verzweifelnd an der
Möglichkeit eines wirklich ersprießlichen Lebens für meine
Kunst und meine Idee suchte ich bereits nur noch nach
einem stillen Platze, um an neue, fröhlich erhebende Arbeit,

die Komposition der „Meistersinger", zu gehen. Da trat, wie durch ein Wunder, plötzlich die ersehnte Macht mir nahe und bot mir verheißungsvoll den Segen des idealsten Schutzes. Im Jahre 1864 gab mir der jugendliche König von Bayern in seiner Residenzstadt München eine neue deutsche Heimath.

Schöner als ich es ahnen und hoffen konnte, war meine bange Frage beantwortet worden.

Gerade in Bayern hatte sich bereits eine fürstliche Tradition gebildet, welche den idealen Interessen des deutschen Volksgeistes eine erhabene Hilfe verhieß. Im nördlichen Deutschland hatte Preußen ein einziges Gut, eine deutsche Heeresverfassung, als unschätzbare Errungenschaft aus dem deutschen Befreiungskriege übrig behalten und kräftig ausgebildet; es blieb aber über die sorgsamste Pflege dieses uns unentbehrlich nothwendigen Besitzes ganz den Nützlichkeitszwecken des Staates zugewendet. Hingegen schien hier, im Süden Deutschlands, von Seiten der dort mächtigsten Regierung die Pflege der, über alle Nützlichkeitszwecke hinausliegenden idealen Güter des nationalen Geistes eine mindestens ebenso unentbehrlich nothwendige Heimstätte finden zu sollen. Hatte König Ludwig I. sein Interesse noch hauptsächlich der Unterstützung der bildenden Künste zugewandt, so war sein Nachfolger, König Max, für eine allgemeine geistige Ausbildung seiner Beamten und für die Förderung der Wissenschaften wahrhaft fürstlich besorgt gewesen. Wandte nun sein jugendlicher hochbegabter Sohn sich der Hebung jener zumeist verwahrlosten, aber auch

zuhöchst bedeutsamen öffentlichen Kunst des Dramas
und der Musik zu, so war hier auf das Deutlichste der be-
wußten Bestrebung Ausdruck gegeben: einer der eigenthüm-
lichsten und herrlichsten Fähigkeiten des deutschen Geistes zu
ihrer freien und allgemein heilsamen Entwickelung zu verhelfen.

Große Pläne waren bei uns entstanden und sollten
nun in München verwirklicht werden. Jenes festliche Beispiel einer wahrhaft reinen Kunstdarstellung, zunächst des
eigens für solche Darstellung berechneten Nibelungenwerkes,
sollte hier zu Stande kommen. Einem in diesem Fache
vorzüglich erfahrenen Architekten ward die Aufgabe gestellt,
vor Allem einen inneren Theaterraum zu konstruiren, in
welchem einerseits die ästhetisch unschöne und störende Sicht-
barkeit des Orchesters, bei möglichster Steigerung einer
idealen Klangwirkung, vermieden, und andererseits die theatralische Darstellung selbst, namentlich durch Dekorationen
von malerisch-künstlerischer Bedeutung, zu der ihr noch
fehlenden edleren Höhe reiner Kunstleistungen erhoben werden
sollte. Ferner sollten aus dem deutschen Opernpersonal
diejenigen vorzüglich begabten Darsteller ausgesucht werden,
welche zur gegebenen Zeit für den besonderen Zweck, ungestört von anderen Einflüssen, das bestimmte Werk stu-
diren sollten, um es in einer Reihe mustergiltiger Aufführungen dem hierzu einzuladenden deutschen Publikum
vorzuführen. Blieb es hierbei vorbehalten, in wiederkehren-
den Zeiträumen ähnliche Aufführungen zu wiederholen, so
ward damit zugleich der Ausgangspunkt einer Institution

gewonnen, deren Wirksamkeit vom gedeihlichsten Einflusse
auf die deutsche Kunst überhaupt werden mußte, welche
eines solchen mustergiltigen Beispieles ihrer reinen Würde
und freien Kraft bis daher noch durchaus ermangelt hatte.
Sollte aber das bedeutsame Werk dieser Institution nicht
völlig in der Luft schweben, so mußte vorerst die praktische
Nöthigung in das Auge gefaßt werden, die unerläßlichsten
Kunstmittel solcher Musteraufführungen bis auf den
Punkt vorzubereiten, wo sie zur Lösung der noch nie ernst=
lich gestellten Aufgabe befähigt sein könnten. Die geeignete
richtige Ausbildung der Gesangsorgane dramatisch be=
gabter Sänger war hierzu das Wichtigste; denn kein Zweig
der musikalischen Ausbildung ist in Deutschland vernach=
lässigter, als der des dramatischen Gesanges, dessen künst=
lerisches Gedeihen wegen des Wirrwarrs der Style auf
unserem gewöhnlichen Opernrepertoire von vornherein zur
Unmöglichkeit wird. Aber auch die Instrumentalmusik,
für welche der Deutsche ein bei Weitem größeres und eigen=
thümliches Talent besitzt, bedurfte noch einer gründlichen
Vorbildung, da wir hier zwar die größesten klassischen
Werke besitzen, für sie aber noch keinen klassischen Vor=
trag uns angeeignet haben. Aus dem Bedürfnisse, die
für die Ermöglichung mustergiltiger Kunstleistungen nöthigen
Organe erst in den Besitz wirklich stylgemäß ausgebildeter
Fähigkeiten zu setzen, entstand der genaue Plan zur Grün=
dung einer vollständigen Musikschule. In dieser Schule
hätte die beabsichtigte große Kunstinstitution allein ihre
natürliche Basis gefunden, von welcher aus immer neues

Leben ihr zugeführt und ihr Bestehen für die Dauer ge=
sichert worden wäre. Auf diese so ernstlich vorbereitete
Weise konnte die uns Deutschen eigenthümlichste Kunst der
Musik und des daraus entwickelten musikalischen Dra=
mas in den Werken der großen Meister und ihrer, den
deutschen Styl rein bewahrenden Nachfolger, in künstlerisch
durchaus entsprechender Verwirklichung, zu ihrem vollkom=
kommenen, von allen Zufälligkeiten und Beschränkungen
freien Leben gelangen.

Als dieses ungemeine künstlerische Vorhaben kaum an
den Tag gekommen war, da war es in der That, als ob
all der Widerwille, der bisher im Verborgenen dagegen sich
genährt hatte, zu seiner ganzen feindseligen Gewaltsamkeit
sich entfesseln sollte. Allen den vielseitigen Interessen,
welche sowohl in unserer Presse, wie in unserer Gesellschaft
vertreten sind, schien die Ausführung eines solchen unerhör=
ten Werkes, und des damit verbundenen Planes für eine
dauernd würdige Pflege vaterländischer Kunst, in feindselig=
ster Weise entgegenzutreten. Von allen Plänen konnte in
Folge dessen nichts zu Stande kommen, als eine freilich un=
vergeßlich schöne Aufführung meines „Tristan“ mit dem
genialen Sänger Schnorr, dessen persönliche Betheiligung
an dem Werke der Ausbildung des deutschen Gesangsstyles
als unerläßlich erkannt worden war. Sein plötzlicher Tod
war das Vorzeichen des baldigen Zusammenbruches unserer
Hoffnungen und Absichten. Aus jener Sphäre, wo der
unbegriffene deutsche Geist nur als schreckhaftes Gespenst
wirken zu können schien, schwoll der Strom böswilligst

neidvoller Intrigue immer höher gegen unser edel gedachtes
Werk heran. Es mußte als unmöglich erkannt werden,
unter solchen Umständen gleichzeitig zu wirken und zu
schaffen!

Nicht gar lange nach der ersten Aufführung des
„Tristan" auf der Münchener Hofbühne (1865) schied ich
vom öffentlichen Wirken und begab mich wieder in meine
Schweizer Einsamkeit, um vornehmlich dasjenige Werk zu
Ende zu führen, welches ich sodann dem unwandelbar ge=
treuen Schirmherrn meiner selbst und meiner Kunst als
Ausdruck meines tiefinnigsten Dankes widmen durfte.

VI.

Was ich, auf Grund meiner Erkenntnisse und Er=
fahrungen von der bisherigen Geschichte meines Vaterlan=
des, für die Wiedererhebung seines eigenthümlichen Geistes
in einem würdigen Leben seiner Kunst geglaubt hatte
ersehnen und erhoffen zu dürfen, das faßte ich nun aber=
mals als Schriftsteller zusammen in dem größeren Buche
„Deutsche Kunst und deutsche Politik", das freilich
damals als ebenso vergeblich geschrieben sich erwies, wie
alles Uebrige. Nur die wirkliche, lebendige That der
Kunst konnte Hilfe verheißen; und die blieb uns, die wir da=
für litten und stritten, in der einzig dauernd ersprießlichen
Weise ihrer gesicherten vollen Reinheit durch die traurigsten
Umstände verwehrt.

Nur einmal noch kehrte ich, drei Jahre nach meinem
jähen Verlassen jener Stadt, nach München zurück, um die
Darstellung meiner „Meistersinger", deren Ausführung
ich schon vor meiner Berufung begonnen hatte, am dortigen
Hoftheater selbst zu leiten. Einige gar mühevoll gewonnene
Ruhe war dazu verwandt worden, diese Partitur zu voll=

enden, womit der seit dem „Lohengrin" für die „Opern=
welt" verstummte „Komponist" sich scheinbar wieder im
Geleise des gewohnten Herkommens theatralischer Auf=
führungen zeigte. Allerdings war nun auch jene Münche=
ner Aufführung der „Meistersinger" (1868) das Vollendetste,
was ich in diesem Betreff jemals erlebt hatte, und ent=
schädigte mich dergestalt an einem seligen Abend für die
Erkenntniß der relativen Flüchtigkeit aller solcher im ge=
wöhnlichen Theaterleben bewerkstelligten Ereignisse, durch
eine erneute lebendige Bestätigung der Möglichkeit des von
mir Geplanten unter freieren und größeren Verhältnissen.

So weit die Freiheit mir persönlich nun wieder be=
schieden war, benutzte ich sie zur Vollendung meines so
lange unterbrochenen Nibelungenwerkes. Da durch
die erhabene Gunst des Fürsten meiner Kunst das äußere
Leben in meiner selbstgewählten Einsamkeit mir nun zum
ersten Male wohlthätig gesichert war, so konnte ich, ganz
unbekümmert um jede feindliche Gegenwart, diese Arbeit für
eine unbestimmte ideale Zukunft wiederum zu unternehmen
und durchzuführen wagen. In voller Ruhe durfte ich es dem
Schicksal überlassen, ob es etwa doch noch einmal den
Moment des Glückes für die Verwirklichung meiner Idee
in mein Leben treten lassen wolle, der jene Zukunft zur
Gegenwart machte. Dieser Moment aber erschien unerwartet
wirklich mit dem Eintritt des großen geschichtlichen Ereig=
nisses des siegreichen Kampfes Deutschlands gegen Frank=
reich und der dadurch errungenen nationalen Einheit im
Jahre 1871.

Welcher Deutsche wäre nicht durch die wunderbaren Erlebnisse jenes Kriegsjahres zu enthusiastischer Freude an den herrlichen Offenbarungen deutscher Kraft, Tapferkeit, Besonnenheit, Würde und Größe hingerissen worden! Endlich einmal wieder erschien Deutschland als eine Macht, in gewaltiger Vereinigung all ihrer Theile, zum erhabenen Zwecke der siegreichen Vertheidigung ihrer Freiheit und ihre Ehre auf dem Felde der Geschichte, eine Macht, welche mit vollem Recht den Namen „Deutschland“ wieder tragen durfte, und welche die schönsten deutschen Tugenden von Neuem bewunderungswürdig bewährte. Endlich einmal zeigte sich dem schon verzweifelnden deutschen Geiste eine lebendige Verbindung der unversiegten Volkskraft mit der eigenthümlichen Kraft der Fürsten und Führer, welche in einer unvergleichlich weisen und vortrefflichen militärischen Verwerthung dieser reichen Volkskraft sich bekundete. Der deutsche Künstler kehrte voller Hoffnung auf die wahrhafte Fruchtbarkeit des neuen nationalen Lebens, auch für eine nationale Kunst, in die Heimath zurück, die nun erst wieder vollkommen für ihn diesem edelen Begriffe entsprechen zu können schien. In dem Mittelpunkte des neu geeinigten deutschen Reiches bot ihm die freundlich vertrauende Bürgerschaft des schönen, an historischen Erinnerungen reichen Bayreuth für die Ausführung seines Lebenswerkes die willkommene Stätte dar. Hier auf der freien Höhe über der stillen alten deutschen Stadt, fern von allem, das friedliche Werk der Kunst störenden großen Weltverkehre, vor allen Einflüssen einer unkünstlerischen Umgebung bewahrt und in seiner völlig unabhängigen Entwickelung gesichert, so konnte das von mir gedachte Werk der Befreiung und Veredelung der Kunst nach ihren eigenen Gesetzen und Rechten sich völlig frei und sicher vollziehen. Kühnlich und freudig ward der Grundstein des Festspielhauses nunmehr im Jahre 1872, inmitten einer größeren Freundesschaar, in den Bayreuther Hügel versenkt: gefeiert durch die Klänge meines in der vollen Begeisterung der Siegeszeit geschaffenen „Kaisermarsches" und durch die Aufführung der neunten Symphonie Beethoven's. Bildete ja doch letztere mir recht eigentlich den idealen Grundstein jenes musikalisch=dramatischen Kunstwerkes, welches hier nun dem siegreichen deutschen Volke das lebendige Beispiel auch eines Sieges seiner Kunst darbieten sollte.

Es ist wohl kaum zu bezweifeln: bei einem ähnlichen Falle etwa in Frankreich, wenn zu der Zeit höchsten nationalen Aufschwunges ein durch seine Werke dem Volke bereits werth gewordener Künstler, als die Aufgabe seines ganzen Lebens, eine Institution von hoher nationaler Wichtigkeit für die Erhaltung und Pflege der edelsten Kunst der Meister seines Volkes zu begründen erstrebt und dazu die mithelfenden Kräfte des Volkes selber aufgerufen hätte: er würde auch von Seiten des Staates alsbald auf das Ergiebigste unterstützt worden sein, weil man dort wenigstens soviel Verständniß dafür gehabt haben würde, um einzusehen, daß es sich hier um eine eigenartige Erscheinung nationaler Fähigkeit handele, deren würdige Durchführung eine auszeichnende Ehre für den Staat selber sein werde.

In der That war etwas Aehnliches, wie das von mir
Geplante und nun schon mit Hilfe begeisterter Freunde
muthig Begonnene, noch nie und nirgend gewagt worden,
und wäre wohl werth gewesen, die Unterstützung unserer
jungen Reichsregierung zu finden, welche ihre glänzende
Herrschaft durch eine solche freiwillige Hilfeleistung für ein
rein ideales Interesse würdig hätte inauguriren können.
Dies durfte um so mehr erwartet werden, als das deutsche
Volk von sich aus ein armes ist, das niemals viel mate=
rielle Mittel für die Befriedigung des Idealismus übrig
behält, welcher doch gerade in ihm immer seine größesten
Vertreter und Verkünder gefunden; während eben in diesem
Momente der Staat überaus reich geworden war durch die
Friedensstipulation mit den Nachbarn. Aber nach wie vor
vermochten jene, dem lebendigen Kunstinteresse abgekehrten
Mächte nichts anderes in den Bestrebungen des deutschen
Künstlers zu erblicken, als etwa den Ausdruck höchsten
persönlichen Ehrgeizes, und nichts mehr in der von mir
geplanten Institution, als die exigeante Forderung einer
abnormen Theaterdarstellung meiner eigenen Werke, um
meines persönlichen Ruhmes willeu. Man überließ daher
auch die Erreichung so excentrischer Ziele durchaus mir
selbst und meinen Freunden.*)

_____

*) Ja, nicht nur gänzlich unbeachtet blieb die Aufforderung des
Künstlers von Seiten des Staates, sondern es mußte ihm scheinen,
als ob man seine Sache mit entschiedener Abneigung von dort aus
behandelte. So ward ihm u. A. mitgetheilt, daß eine schon bewilligte
persönliche Beisteuer des Kaisers durch eine abrathende Erklärung aus

5*

Nur durch die hingebenden Bemühungen einzelner
wahrhaften Freunde, welche, als Patrone des Bayreuther
Unternehmens, dieses unter allen Umständen durchzusetzen
sich zur Pflicht gemacht hatten, wurden in der lange sich

---

dem Reichskanzleramte (nicht vom Kanzler selbst) wiederum hinter=
trieben worden sei.   Der vielgeplagte Reichskanzler freilich mochte
jenen Brief des Meisters, der ihm die ideale Tendenz seines Unter=
nehmens einigermaßen näher bringen sollte, wohl als einen sozu=
sagen künstlerischen Zeitvertreib, den er sich nicht mehr gönnen
dürfe, unbeantwortet zur Seite gelegt haben. Bald aber fehlten auch
die Mittel, welche damals wohl noch vorhanden gewesen wären,
um ideale Bestrebungen wirksam zu unterstützen.   Von der Fülle
der Milliarden hätte der allergeringste Theil, sagen wir eine Million,
genügt, um der deutschen Kunst das Edelste und Eigenste, was
unsere Meister seit Jahrhunderten zur Bewunderung aller Nationen
hervorgebracht, auf alle Zeit an dauernder Stätte zu sichern. Diese
Milliarden aber wurden ja, soweit sie nicht für militärische Zwecke
verwendet werden mußten, mit furchtbarem Leichtsinne auf die Börse
geworfen, und befruchteten nun den plötzlich entfesselten, durch keiner=
lei ideale Kraft gehemmten Geist frivoler und niedriger Spekulation
zu jener entsetzlichen Geburt der ewig schmachvollen Gründerzeit,
welche das so unvergleichlich siegreiche Deutschland drei Jahre nach
seinem höchsten politischen Triumphe dem sozialen Elend nahe brachte.
Kein Wunder, daß der gewaltig ernste Vertreter der idealen
Macht des deutschen Geistes nach solchen, ihn persönlich schmerzlich
nahetretenden Erfahrungen in den Vertretern des staatlichen Realis=
mus recht die Antagonisten seines Wirkens und Strebens sehen
mußte; obwohl auf dem Gebiete der historischen Welt Idealismus
und Realismus als zwei mitsammen wirkende verschiedenartige Seiten
der menschlichen Natur betrachtet werden dürfen, welche hier einmal
in zwei höchst charakteristischen Vertretern ihrer Eigenart sich per=
sonifizirt hatten.   Der den Personen versagte Mitkampf wider ge=
meinsame Feinde, Seite an Seite, zu gegenseitiger Hilfe, er mag

hinziehenden Zeit von vier Jahren wenigstens so viele
Mittel zusammengebracht, um den Theaterbau in der gedachten idealen Weise provisorisch ausführen und an die
definitive Vorbereitung der Festspiele schreiten zu können.

---

sich in der Folge dennoch vollziehen, nachdem die soziale Noth nun
auch den staatlichen Realismus zum Betreten des uns Allen ge-
meinsamen Bodens der Moral bewogen hat. Auf dem Felde der
sozialen Reform finden sich Idealismus und Realismus als in
einer tief inneren Wahrhaftigkeit beider zusammen. Den
Glauben an solch ein Zusammenfinden, dem heute schon die nationale Begeisterung der Jugend zujauchzt, vermochte freilich der
von uns geschiedene Meister sich nicht mehr zu gewinnen. Traurigste
Erfahrungen geleiteten ihn bis an's Ende, und seine letzte Hoffnung
blickte nicht nur über das Meer, sondern über alle Geschichte hinweg auf ein ewig Göttliches, dessen äußerste irdische Kundgebung
ein heroischer Untergang des Edelsten aus der Kultur der
Menschheit sein würde.

Die Jugend aber hat ja das schöne Recht der Hoffnung; und
eben in der Jugend unserer Zeit regt sich von Neuem das nationale
Gefühl, und indem es zugleich für die nationale Kunst Wagner's
sich begeistert, gewinnt es sich selber das Mittel, welches den nationalen Geist über das beschränkte Schlachtfeld des Nationalitäten-
streites zum übernationalen Frieden der Menschheit im brüderlichen
Mitgenusse jener edelsten Kulturgüter erhebt. Solche Worte aber,
wie sie eben in diesem allgemein-menschlichen Sinne, zum idealen
Hoffen mit emporgetragen von jener jugendfrischen Strömung im
Volke, der große Realist unserer Zeit, Fürst Bismarck, vor
Kurzem gesprochen hat, — solche Worte wird nicht nur der Realist,
sondern auch der Idealist, nicht nur der Bismarckianer, sondern
auch der Wagnerianer, ja, nicht nur der Deutsche, sondern alle
christliche Welt unterschreiben:

„Wenn es gelingt, den sittlichen Inhalt des Christen-
thums, den Schutz der Schwachen, in Demuth und Nächsten-

Eine größere Anzahl nicht reich bemittelter künstlerischer
Anhänger meiner Sache thaten sich zu besonderen Vereini=
gungen in verschiedenen Städten zusammen, und wirkten,
indem sie ihren Vereinen kühn vor aller Welt den Namen
„Wagner" gaben, unablässig in der Enge ihrer Verhältnisse
durch Sammlung kleinerer Partialbeiträge für die Vermeh=
rung der Mittel, welche zur Deckung sämmtlicher Kosten
für Theaterbau und Aufführungen auf 900000 Mark ver=
anschlagt waren. Hier war wirklich die freie Vereini=
gung eines „Volkes", einer natürlichen Gesammtheit Ein=
zelner, die nur die Kunst sich gewonnen hatte. Und doch
auch wäre das Werk noch jetzt niemals zu Stande gekommen,
hätte nicht mit den machtlosen Freunden auch wiederum
jener erhabene fürstliche Freund sich so großherzig persön=
lich an der Unterstützung der Sache betheiligt, welche oft
völlig am Scheitern zu sein schien. Wohl nie ist unter
größerer Noth und Sorge, bei gleich erbärmlicher Klein=
lichkeit der Umstände, ein solches Werk ausgeführt worden,
wie dieser seltsame ideale Theaterbau bei Bayreuth,
und in ihm die lebensvolle freie Vereinigung der auserlese=
nen theatralischen Kräfte zu einer, trotz allen erschwerenden

---

liebe, in ausgebreiterem Maaße als bisher aus der Schrift in
die Herzen zu übertragen, so wird auch unsere Gesetzgebung
von diesem Geiste mehr als bisher durchdrungen werden."

Wagner selbst hat solchen Worten schon zuvor den verklärenden
Klang verliehen in dem zweiten Thema und dem Choral seines
„Kaisermarsches", und zuletzt in seinem „Parsifal".

Anm. d. Herausgebers.

und beschränkenden Umständen, im Wesentlichen zum ersten Male wahrhaft stylgemäß ausgebildeten Darstellung eines deutschen Bühnenfestspieles, der dreimaligen Aufführung der vier Theile des „Ringes des Nibelungen", im Sommer des Jahres 1876.

Das Bühnenfestspiel hatte auf sein, schließlich doch recht verschiedenartig zusammengesetztes Publikum ersichtlich einen bedeutenden Eindruck hervorgebracht. Die exzeptionell festlichen Umstände der Aufführungen überhaupt, die mit größester künstlerischer Sorgfalt zwei Sommer hindurch ermöglichte Vorbereitung der auserwählten Kräfte zu einer bisher noch nicht erfahrenen, im gewöhnlichen Laufe ihrer Beschäftigungen ganz unmöglichen Einheitlichkeit des Styles der Darstellung, die fremdartige, im Ganzen feierlich imponirende, in ihren einzelnen Neuheiten trefflich sich bewährende Einrichtung des Theaterraumes, vornehmlich der mysteriöse und idealische Klang des unsichtbaren Orchesters und der gleichmäßig freie Anblick der Bühne von allen Sitzen des im weiten Halbkreise hoch ansteigenden Amphitheaters aus: dies Alles hatte sich zu einem tiefen Eindrucke des Außerordentlichen vereinigt, wie er sich in dem, gleich nach den Festspielen laut werdenden Rufe nach Wiederholung deutlich äußerte. Ja, auch in weiteren Kreisen fand dieser Ruf, allerdings im Tone der Bezweifelung, sein gewisses Echo, woselbst die Presse in gewohnter Feindseligkeit Alles versucht hatte, durch ihre mächtigsten Organe mein Unternehmen als ein durchaus verfehltes und unsinniges, die Aufführungen als mißglückt und das Publikum

als ein unzurechnungsfähiges Häuflein „blindlings enragirter
Wagnerianer" darzustellen. Bemerkenswerth nur war es,
daß dieser Ruf nach Wiederholung sich ganz ausschließlich
an meine Person, als „Festspiel-Veranstalter", richtete und
immer nur den theatralischen Genuß des Nibelungenwerkes
betraf. Daß mit den Festspielen etwas mehr beabsichtigt war,
als wie im Interesse eines deutschen Opernkomponisten ein
neues Werk desselben auf außerordentliche Weise zur Darstellung zu bringen, daß vielmehr damit die Idee einer
großen künstlerischen Institution zur Ausbildung und Erhaltung eines edelen nationalen Kunststyles verbunden ward:
dies war außer für wenige wahre Freunde also noch immer
völlig im Dunkeln geblieben. Noch immer nicht konnte
irgend eine bestehende Gewalt sich bewogen fühlen, für die
weitere Verwerthung des hier im erstmaligen Beispiele als
möglich Offenbarten zum dauernden Besten der nationalen
Kunst Sorge zu tragen. Was deutscher Kunstgeist vereinzelt offenbart hatte, fand im neuen Reiche noch keinerlei
ihm verwandten Boden, um feste Wurzeln zu schlagen.
Trotz allen großen historisch-politischen Umwandelungen
schien an eine wirkliche Wiederaufrichtung des seit einem
halben Jahrhundert arg zersetzten und verzerrten eigenthümlichen deutschen Geistes nicht gedacht zu sein. Auch das
große Publikum zeigte sich schließlich höchlich befriedigt, als
die Nibelungenwerke sich, durch die Noth hinausgeschleudert,
nun auch über immer mehr Bühnen deutscher Städte verbreiteten, wo ihnen, in meistens durch tolle Kürzungen ent-
stellter Form und unter theatralischen Verhältnissen, für

welche sie überhaupt niemals berechnet und geschaffen waren, ein so lebhafte Beifall gezollt ward, daß es unbegreiflich erscheinen mußte, weshalb man noch an Wiederholungen in Bayreuth denken sollte.

Um so dringender erschien es nun aber nothwendig mit der eigentlich gemeinten Institution zur sicher begründeten Weiterführung des einmal ausnahmsweise gelungenen Beispieles Ernst zu machen, um dadurch wenigstens allmählich, an der ernstlichen Ausbildung der Kunstmittel, auch den Kunstsinn eines seinem Künstler vertrauenden Publikums zu wecken und zu stärken. Aber bevor, wieder aus völliger persönlicher Vereinzelung, irgend ein weiterer Schritt in dieser Hinsicht gemacht werden konnte, drängte sich eine harte Aufgabe in den Vorgrund, die dem „Festspiel-Veranstalter" nun eben so ganz allein überlassen blieb, da man sein Unternehmen durchaus nur als ein persönliches verstand.

Die Festspiele hatten in Folge der außerordentlich bedrängten Verhältnisse ihres Zustandekommens ein bedeutendes Defizit hinterlassen. Dieses Defizit zu decken, war zunächst wieder meine persönliche Aufgabe. Wieder mußten Konzerte gegeben, mußten Konzessionen gemacht und Uebereinkünfte geschlossen werden, die mir die ideale Freude an meinem Werke verleideten. Man beneidete mich um die glänzenden Erfolge meiner Energie, und daß ich selbst Kaiser und Fürsten bewogen habe, meinem Festspiele beizuwohnen. Man meinte, ich könnte doch damit endlich wohl zufrieden sein, und fragte verwundert, ohne auf

meine längst gegebene Antwort zu hören: was ich denn
nun noch mehr verlangen könne? Ich aber hatte, inmitten
aller dieser Nöthen, mein begonnenes Werk nicht aus dem
Auge verloren. Zu bloßen Wiederholungen außerordent=
licher „Bühnenfestspiele", wie das Publikum sie verlangt
hatte, wollte ich nicht schreiten, ehe man mir nicht Garan=
tien dafür bieten wollte, daß die Wiederholungen aus jener
organisirten Institution hervorgehen könnten, welche nicht
nur einzelne Theatervorstellungen, sondern wirklich eine
ganze einheitliche Stylausbildung für alle Meisterwerke
unserer Kunst ermöglichen würde. In diesem Sinne ward
jetzt, nach dem Erfolge des ersten Festspieles, der Münchener
Plan einer „Schule" für Uebungen und Anleitungen junger
Musiker und Dirigenten, wie auch Sänger und Sängerinnen,
zur Ausführung unserer großen deutschen symphonischen
und dramatischen Musik von Neuem aufgenommen. Ich
entwarf einen Plan, wonach junge strebsame Musiker auf=
gefordert werden sollten, sich eine Zeit lang nach meiner
Anleitung zunächst in der stylistischen Ausführung der sym=
phonischen Werke Haydn's, Mozart's und Beethoven's zu
üben. Nach der Absolvirung dieser Aufgabe sollten wo=
möglich, unter Heranziehung talentvoller Sänger, auch
ältere deutsche dramatische Werke vorgenommen und auf
das Sorgfältigste einstudirt werden, welche auf unseren
stehenden Bühnen, in der bedrängenden Gesellschaft fran=
zösischer und italienischer oder mißverstandener neudeutsch=
dramatischer Opern, ein ganz weiheloses Leben ohne jede
ästhetische Zucht und Sitte führen. So war zu hoffen, daß

man auf natürlichem Wege mit würdig ausgebildeten Kräften
wieder zu wirklichen großen Festspielen kommen könne, wofür
ich nun meinen „Parsifal" zu vollenden mich erbot,
welches Werk ich bald nach den Festspielen, nach einem
älteren Plane, auszuführen begonnen hatte.

Zu der Verwirklichung dieses Planes bedurfte es
aber vor Allem der Verbindung sämmtlicher, vordem vereinzelt wirkender Vereine zu einem allgemeinen Patronat-
vereine mit dem Mittelpunkte in Bayreuth selbst, dessen
Mitglieder durch Beiträge zur Bildung eines Fonds behufs
fester Basirung des ganzen Unternehmens sich das ausschließ-
liche Recht des Besuches der Aufführungen erwerben würden.
Auf meinen Aufruf im Herbst 1877 bildete sich dann
auch wirklich der allgemeine „Bayreuther Patronat-
verein". Die Idee der „Schule" aber ließ sich trotz dem
wiederum noch nicht verwirklichen. Durfte ich auch hoffen,
daß wenigstens bei den Mitgliedern unseres Vereines eine
bessere Erkenntniß der idealen Tendenz des Unternehmens
durch eine nunmehr vom Vereine selbst herausgegebene und
nur an die Mitglieder ausgetheilte Zeitschrift heilsam
werde gefördert werden, so fand ich mich doch zugleich ge-
genöthigt, eine Theilnahme des mir gewogenen deutschen
Publikums an den eigentlichen Zielen des Vereines erst
wieder dadurch verständlicher anzuregen, daß ich ihm als
neues Bühnenfestspiel den „Parsifal" in eine etwas
nähere Aussicht, nämlich statt an den Schluß des geplanten ersten Aufführungscyklus, an dessen Beginn stellte.
Diese Verheißung zog wirklich eine sich steigernde Theil-

nahme des Publikums dem neugebildeten Patronatver-
eine zu, sodaß derselbe in dem Verlaufe zweier Jahre die
Zahl von 1700 Mitgliedern in mehr als 200 Städten
Deutschlands und des Auslandes erreicht hat, welche jedoch,
da der Minimalbetrag der Spenden, der ihnen die Mit-
gliedschaft erst verschaffen sollte, sehr niedrig angesetzt, von
Wenigen aber überschritten worden war, den Fonds des
Vereins noch bei Weitem nicht bis zur wirklichen Capitali-
sirung des Unternehmens zu vergrößern vermochten.

Immerhin mag es ja noch geschehen können, daß einmal ein Mann in entscheidender Machtstellung sich fragt,
ob es zu verantworten sei, von Staatswegen Geld genug all-
jährlich auszugeben für die Erhaltung vererbter akademischer
Institutionen, die sich gegen alle lebendige Kunst mit dem
trockenen Starrsinn der eigenen Unfruchtbarkeit abgeschlossen
halten, oder für die Fortführung fürstlicher Theater, die
ihres Titels in keiner Weise entsprechen können, weil sie
auf die gewöhnliche Konkurrenz mit den niedrigsten, sich
ebensowohl den Namen einer „öffentlichen Bühne" gebenden
Spekulationsanstalten angewiesen sind; wogegen man eine
einmalige sichernde Unterstützung einer Institution unter-
lasse, welche, aus wirklich lebendigen künstlerischen Trieben
hervorgegangen, einer wahrhaften Eigenthümlichkeit des
deutschen Geistes durch stylreine Wiedergebung der Werke
der Meister das unsterbliche Leben erhalten will, und welche
einer Nation, die jene Meister hervorgebracht, aber zum
eigenen Verderb das Gefühl für das Ideale einzubüßen
droht, das Bewußtsein von dem Werthe und der Würde

der Kunst durch stäte großartige lebendige Beispiele einzig
wiederum zu erwecken vermag. Aber auch diese Hoffnung
ist nur der Ausdruck der Entsagung von dem Traume
einer Erreichung idealer Ziele durch den Willen einer
nationalen Allgemeinheit, indem sie sich auf den Zufall
einer unberechenbaren Einzelheit beschränkt, durch welche
allein die Kunst eine dauernde Stätte einstmals gewinnen
zu können scheint.

Ich wende mich ab von diesen trüben Erfahrungen,
um einen freundlichen Schluß für meine Erzählung zu
finden! — Ich erinnere mich, daß ein ehemaliger sehr ehr-
würdiger Vertreter der nordamerikanischen Union in Deutschland mir einst versicherte, wenn man in seinem Vaterlande
die Zeit gewonnen haben werde den idealen Interessen ernstlich sich zuzuwenden, dann werde meine Kunst vornehmlich
vermögend sich zeigen, die Herzen der jungen amerikanischen
Nation zu bewegen und zu gewinnen. Dieser Worte mußte
ich gedenken, als die nordamerikanische Union das große
Jubiläum ihres hundertjährigen Bestehens feierte, und man
sich an mich mit der Bitte um die Komposition eines Fest-
marsches wandte. Mit Freudigkeit ging ich an die Komposition des „amerikanischen Marsches“, dem ich, mit Beziehung auf das mir vorschwebende Ideal des kolonisirenden
germanischen Wesens in der Fremde, das Motto aus Goethe's
„Faust“ gab: „Nur der erwirbt sich Freiheit wie das Leben,
der täglich sie erobern muß;“ und ich erfuhr hernach, daß
mein Werk, obwohl seine Ausführung gerade durch die Größe
der Verhältnisse einigermaßen beeinträchtigt sein mußte, dort

drüben ein eigenthümliches Verständniß gefunden habe, indem
mir eine Berichterstattung mitgetheilt ward, in welcher gerade
die ideale Energie, der ich in der Musik Ausdruck zu geben
gesucht hatte, als die erstrebenswerthe höchste Entwickelungs=
form des amerikanischen Wesens bezeichnet war.

General Grant hat einmal die Prophezeiung aus=
gesprochen, daß einst auf der ganzen Erde nur eine Sprache
noch gesprochen werden würde. Diese Sprache könnte nun
wohl nur ein aus allen Ingredienzen gemischter Universal=
jargon sein; und dies würde freilich vielmehr das völlige Ver=
derben jedes wahrhaft lebendigen Sprachwesens, und damit
auch jeder, in der Sprache sich ausdrückenden lebendigen
Kunst bedeuten. Wer zur Zeit von einem solchen Gedanken
etwa gleichfalls gequält war, der vernahm dagegen wohl eine
ähnliche und doch ganz andere, erhabene Verheißung, als er
am Tage der Grundsteinlegung meines Bühnenfestspielhauses
das „seid umschlungen Millionen" im Schlußchore der
Beethoven'schen Symphonie sich zurufen hörte; da empfand
er vielleicht, daß das Wort des Generals Grant sich in
anderer Weise erfüllen könnte. Die große deutsche Musik
bildet heute schon ein ideales Band der Völker, auch über die
Meere hinweg. Daß sie allein die wahrhaft natürliche und
lebendige „Weltsprache" werden könne, dafür haben unsere
großen Meister durch ihre, von allen Nationen bewunderten,
erhabenen Werke auf das Herrlichste gesorgt. Sorgen wir,
die wir in wahrer Verehrung auf sie zurückblicken, nun auch
dafür, daß wir erreichen, was ich als Ideal mein ganzes
Leben hindurch in unzähligen Versuchen angestrebt habe.

Sorgen wir dafür, daß dieser großen deutschen Musik, und der sichtbarlichen Offenbarung ihres Geistes in dem aus ihr entwickelten allgemein menschlichen Drama, der zugleich höchsten und volksthümlichsten Kunst der theatralischen Darstellung, der originale, reine und wahrhaft lebendige Styl dauernd ermöglicht bleibe, damit die internationale Wirkung des deutschen Geistes auf die seiner ewig bedürftig bleibende Welt nicht eine verfälschte und daher bedeutungslose, sondern eine wirklich echte, edele, kraftvolle und daher im höchsten Grade heilsame, beglückende und befreiende sei!

Nachwort.

(1879—1884.)

———

Was seit dem Jahre 1879, mit welchem der obige Lebensbericht abschließt, in dem äußeren Leben Wagner's und der Entwickelung seines Bayreuther Werkes geschehen ist, darf wohl als weltbekannt gelten. Seine nie rastende Arbeitskraft beschäftigte sich in den nächsten vier Jahren aber nicht allein mit der Vollendung seines „Parsifal", sondern auch mit einer stäten Fortsetzung und Erweiterung seiner litterarischen Mittheilungen über seine Kunst= und Weltanschauung, für seine Freunde und die Förderer seiner Sache, in den „Bay= reuther Blättern". Dies mag wohl noch einer näheren Betrachtung im Sinne der vorliegenden Schrift bedürfen.

Geist und Haltung der genannten Zeitschrift hatte Wagner von vornherein in bedeutender Weise bestimmt durch den Abdruck eines Manuskripts aus dem Jahre 1865, also der Zeit in München, da auch „Deutsche Kunst und Deutsche Politik" in ihm reifte, und ihn bei der fremdartigen Wieder= berührung mit der politischen Welt seines Vaterlandes die Frage immer peinigender bedrängte: was in all dieser Welt

und ihren weiten, verworrenen geschichtlichen Beziehungen und
Bedingungen denn nun eigentlich das wahrhaft „Deutsche"
sei? Fühlte er dies andererseits so zweifellos deutlich in sich
selbst, wie er ihm in seinen Werken reinen künstlerischen
Ausdruck gab: so war auch er wohl der rechte Mann,
deutschen Geist und deutsches Wesen in allen Verwirrungen,
Mischungen und Entstellungen der Historie und Politik wieder zu erkennen und in seiner Eigenart zu bezeichnen. Dennoch bedurfte auch er eines ganzen Lebens voll reicher und
schwerer Erfahrungen, um sich nur allmählich immer klarer
und sicherer eine Antwort auf jene Frage: „Was ist
Deutsch?" zu gewinnen. In dem ersten Theile des
Lebensberichtes zeigte sich uns bereits die Erkenntniß eines
gewissen historischen Gesetzes als ein bedeutsames Resultat
der gleich tief wie scharf blickenden Art, mit welcher der
deutsche Künstler und Denker die Geschichte seines Volkes
betrachtete. Bemerkenswerth und charakteristisch aber ist es
gewiß, wie der Künstler in ihm die reinsten Ausstrahlungen
des nationalen Wesens, welche ihm sagten, was es sei, vor
Allem wiederum in den großen, aus den Wirren der Weltgeschichte vereinzelt hervorragenden Gestalten und Werken
der Meister deutscher Kunst erkannte, aus welchen ihm
z. B. J. S. Bach gleichsam wie das Heroenbild in jenem
stolzen Gedankenbau der Schrift „Was ist Deutsch?" ehr-
furchtgebietend hervortrat. Und andererseits ist es ebenso
bedeutsam, daß die schließliche kürzeste Zusammenfassung einer
Beantwortung jener Frage, auf Grund der geschichtlichen Erfahrung und des künstlerischen Wiedererkennens, die Form

eines moralischen Urtheils trägt: „Deutsch ist, die Sache
um ihrer selbst willen treiben." Wie in den höchsten
Erscheinungen deutscher Kunst das Nationale zum Ueber-
nationalen sich erhebt, so liegt auch in jenem moralischen
Urtheil die Entwickelung aus deutschem Wesen zu allgemein-
menschlicher Wirkung ausgesprochen. Deutsch ist der natürliche Grund und Boden, allgemein-menschlich aber ist
die ethische Blüthe des Kulturideales, das in Wagner's
eigener Kunst so ausdrucksvoll symbolisirt erscheint. So erweitert und spezialisirt sich denn auch die Frage „Was ist
Deutsch?" für Wagner selbst zu der künstlerischen Frage:
„Was ist Styl?" und zu der ethischen Frage: „Was ist
Menschlichkeit?" Dies sind die drei Grundthemata, welche
Wagner seinen „Bayreuther Blättern" zur mannichfaltigsten
Erwägung und Beantwortung gestellt, und wozu er selbst
in fünf Jahrgängen die merkwürdigsten Hauptbeiträge ge-
liefert hat.

An „Was ist Deutsch?" schloß sich 1878 noch eine
Betrachtung der Kunst, wie er sie dem deutschen Volke dargeboten hatte, in einem „Rückblick auf die Festspiele
1876", — und des Volkes, wie es sich der Kunst gegenüber stellt, in einer Reihe von Aufsätzen über „Publikum
und Popularität". — 1879, im Jahre der Komposition
des „Parsifal", wandte er sich noch entschiedener der künstlerischen Frage „Was ist Styl?" zu, indem er zunächst in
einem ergreifenden Aufsatze: „Wollen wir hoffen?"
seiner strengsten Auffassung des Schicksals und der Bedeutung seines Bayreuther Stylwerks Ausdruck gab, und sodann

in mehren höchst interessanten Artikeln seine unschätzbar be-
lehrenden und aufklärenden Ansichten „über das Dichten
und Komponiren", mit besonderer Beziehung auf Oper
und musikalisches Drama, mittheilte. Dahinein aber
schlug noch gegen Schluß desselben Jahres der so großes
Aufsehen erregende „Offene Brief an E. v. Weber gegen
die Vivisektion."

Was hatte der Musiker mit der Vivisektion zu schaffen?
So mochte wohl ein „Publikum" fragen, welches diesen Musiker nur soweit kannte, wie seine „Popularität" im „Opern-
Dichten und Komponiren" reichte, welches aber noch nie mit
dem deutschen Denker die Frage: „Was ist Deutsch?" oder
mit dem deutschen Künstler die Frage: „Wollen wir hoffen?"
gestellt hatte. — Nun, dieser deutsche Künstler und Denker
that mit jenem Briefe gegen die wissenschaftliche Thierfolter,
welche die sittliche Menschenpflicht um den Preis einer noch
unbewiesenen Nützlichkeit verletzt, nur den entschiedenen Schritt
von den beiden Vorfragen nach „Deutsch" und „Styl" zur
Beantwortung der sie beide verbindenden und abschließenden
Hauptfrage nach der „Menschlichkeit". Er trat damit
auf das ethisch-religiöse Gebiet, auf welchem er, als in
der moralischen Gedankensphäre seines zugleich vollendeten
letzten Kunstwerkes „Parsifal", seitdem mit tief mitempfin-
bender Seele und bis an's Ende wunderbar lebendigen
Geisteskräften fast ganz ausschließlich in Gedanken, Worten
und Schriften thätig blieb. — Ja, es war ihm gerade dies
eine ihn völlig einnehmende, heilige Herzenssache, wie es
schon ein Jeder fühlen muß, der in Bayreuth die Klänge

6*

des „Parsifal" auf sich wirken läßt; und so sollte es denn
auch neben jenem großen künstlerischen Erbe von Bayreuth
dem bildungsfreudigen deutschen Volke recht als das geistige
Testament seines dahingeschiedenen Meisters gelten. Zeigt
es uns doch Erfüllung und Abschluß jenes, schon die ersten
Schriften Wagner's so heftig und glühend an das Tages=
licht der Litteratur treibenden, Sehnens und Strebens nach
einer idealen Kultur der Menschheit, worin die ideale
Kunst nicht mehr einen artistischen oder litterarischen Gegen=
satz gegen die lebendige Wirklichkeit bilden sollte, sondern
vielmehr deren innerlich erwachsener, natureigener, höchster
Ausdruck wäre. Von der „Menschheit der Zukunft", wel=
cher Wagner dreißig Jahre früher eine Parallelschrift zu
seinem „Kunstwerk der Zukunft" zu widmen gedachte, von
ihr handeln nun seine allerletzten, ein großartiges Ganze
bildenden Aufsätze in den „Bayreuther Blättern" von 1880
bis 1882. Hier führt er uns an Künstlerhand hinaus über
den rein philosophischen, und daher atheistischen, Pessimismus
Schopenhauer's, den er uns dabei doch als sicherste phi=
losophische Grundlage idealer Weltanschauung und Ethik
empfiehlt, und baut uns, auf Grund der im III. und
IV. Buche des Schopenhauer'schen Hauptwerkes so tief er=
gründeten idealen Mächte der Kunst und Religion, das
erhabene Traumbild einer Ideal=Kultur des Allgemein=
menschlichen auf. Ist aber die erste Bedingung zur Er=
möglichung einer solchen Kultur, wie auch zur würdigen und
innigen Empfängniß aller ihr bereits angehöriger edelster
Kunstwirkungen, jedenfalls eine unbeeinträchtigte Zartheit des

menschlichen Gefühles und sittlichen Gewissens, ein tiefer Ab=
scheu vor dem Rohen, Unmenschlichen und eine fromme Ehr=
furcht vor der Heiligkeit mitlebender Natur: so erklärt sich schon
hieraus die vollkommene Berechtigung Wagner's, die litterarische
Beantwortung seiner letzten Frage: „Was ist Menschlichkeit?"
mit einer entrüsteten Abweisung der Vivisektion zu beginnen.
Wenn er aber vor dreißig Jahren seinen „reinen Menschen"
noch durch gewaltsame Revolution einer eben bestehenden Zeit=
lichkeit zu erzielen wähnte, so setzt nun die Weisheit des Alters
an die Stelle jenes hastigen Jugendbegriffes den sittlich erhabe=
nen Gedanken einer innerlichen Regeneration des Menschen=
wesens, welche, über alle, ihr fremden, geschichtlichen Revolutio=
nen hinaus, die höchsten idealen Güter der Menschheit in Kunst
und Religion, und wäre es auch nur durch einen letzten heroi=
schen Untergang, mit bekenntnißfreudiger Gemeinsamkeit zu
retten berufen sei. Dies ist der weit ausgeführte Inhalt der
Schriften über „Religion und Kunst", mit den Ergänzun=
gen: „Was nützt diese Erkenntniß?" „Erkenne dich
selbst", „Heldenthum und Christenthum", wodurch, an
Stelle eines absolut=künstlerischen Heidenthums der Erstlings=
schriften, nun der im klaren Lichte religiöser Erkenntniß auf=
leuchtende christliche Erlösungsgedanke (in der Ueber=
windung des Judenthums wie der Befreiung des Inderthums
gleicherweise) als höchster Weltensieger gefeiert wird. — Die
Vollendung eines fünften, zum Abschluß bestimmten Aufsatzes
dieser hoch aufsteigenden Reihe vereitelte gleich bei seinem Be=
ginne der plötzliche Tod des Meisters in Venedig am 13. Fe=
bruar 1883.

Jäh unterbrochen ward also freilich auf's Schmerzlichste
eine große, ihrer Art nach abschließende litterarische Arbeit
auf jenem Gebiete, „von welchem aus nur einzig noch
sich vernehmen zu lassen", Wagner selbst zuvor öffentlich
angekündigt hatte. Allerlei Nachrichten über weitere Pläne,
wie solche alsbald nach dem Tode in den Zeitungen auf=
gebracht wurden, waren theils völlig aus der Luft gegriffen,
theils die Folge von Mißverständnissen, und vornehmlich von
einer tiefen Unkenntniß dessen, was Wagner in seinen be=
reits wirklich vorhandenen Schriften schon gesagt oder ver=
heißen hatte. So konnte ihm z. B. der eminent unwagne=
rische Gedanke einer „neuen Aesthetik" imputirt werden,
worin höchstens der einmal aufgefangene Ausdruck „Gesangs=
katechismus" mißverständlich nachklingen mochte, mit welchem
Wagner wohl gelegentlich einen „Rückblick auf das Büh=
nenweihfestspiel von 1882" bezeichnete, den er als eine
Erinnerung an die künstlerische Blüthe aus jenem letzt=
beschrittenen, religiös=ethischen Gebiete noch zum Beschluß des
Jahrganges 1882 schrieb.

Aber auch alle die gern wiederholten Vermuthungen über
neue künstlerische Absichten, welche nun der Tod vereitelt
hätte, sind in das Reich der Fabel zu verweisen. So hatte
gleichfalls noch Wagner selbst in einem öffentlichen Blatte die
schon seit Vollendung der „Nibelungen" immer wieder auf=
tauchende Nachricht von einem neuen musikalisch=dramatischen
Werke „Buddha" mit der Bemerkung dementiren lassen, daß
jener indische Stoff, über den wohl eine kurze Notiz des
Künstlers aus der Zeit vor den ersten Skizzen des „Parsifal"

und des „Tristan", also vor 30 Jahren, existirte, nun
eben im „Parsifal" selbst eine Ausführung im Sinne
des uns näheren und höheren christlichen Gedankens erhalten
habe. Man mag es also im menschlichen Gefühle der
Selbstberuhigung getrost sich sagen, daß durch den Tod das
künstlerische Schaffen des musikalischen Dramatikers nicht
unterbrochen worden, sondern daß in der That das religiös
erhabene Kunstwerk, welches nach der grausamen Selbstver=
nichtung einer ganzen heidnischen Welt im „Nibelungen=Ringe"
allerdings als ein versöhnender Ausdruck der christlichen
Erlösung noch zu erwarten blieb, — daß der „Parsifal"
den Gipfel= und Schlußpunkt der in den Werken Wagner's
sich dokumentirenden großen geistig=künstlerischen Entwickelung
bildet, und in seiner letzten Vollendung, als vollkommen dar=
gestelltes Bühnenweihfestspiel in Bayreuth, auch auf den fast
gleichzeitigen schmerzlich jähen Tod seines Meisters noch einen
wunderbar erhebenden Schein der Verklärung wirft.

Doch nicht allein die sicht= und hörbare Vollendung
seines letzten Kunstwerkes bedeutete dieses endlich ermöglichte
zweite Bayreuther Festspiel von 1882 dem scheidenden Künstler.
Auch sein eigentliches großes Lebenswerk, das ideale
Theater, als bleibende Stätte zur freien Verwirklichung
edeler Beispiele eines reinen deutschen Kunststyles von univer=
saler Bedeutung, — auch dieses Lebenswerk empfing seine
feste Begründung für ein dauerndes Fortwirken eben durch
jene, in jeder Hinsicht so durchaus geglückte, erste Aufführung
des „Parsifal."

Nur unter den erschwerendsten Verhältnissen und mit

manchem Darangeben höchstgespannter Ansprüche des Künstlers war 1876 die kolossale Arbeit der „Nibelungen"-Dar-
stellungen durchgeführt, und wirklich mit einem finanziellen
Defizit beschlossen worden, welches mehr noch, als wie jetzt
der Tod Wagner's, eine tödtliche Unterbrechung seines Lebenswerkes zu verursachen schien. In der That sollten ihm damals zwei für Wagner äußerst schmerzliche Folgen ent-
springen: die Dahingabe der allein für ein Bayreuther
Theater gedachten nnd ausgeführten „Nibelungen" an
die modernen Opernbühnen, welche einer solchen, nun einmal
verwirklichten, theatralischen Idee in jeder Hinsicht entgegen-
geartet waren, — und ferner die muthlose Gleichgiltigkeit des
Publikums gegenüber dem, bei solcher Nothlage immer noch
rettenden Gedanken Wagner's an eine wirkliche Stylschule
in Bayreuth. Diese schweren Entsagungen mußten jenes
erste, so wunderbar an der heißen Augustsonne der Tages-
wirklichkeit auftauchende Antlitz des Wagnerischen Lebenswerkes damals jammervoll genug mit ihren verletzenden Dor-
nen krönen. Dagegen trat eine neue, letzte Entsagung vier
Jahre später gleich vor den Anfang des zweiten Festspieles,
und ermöglichte ihm so den unschätzbaren Gewinn des Cha-
rakters einer auf die Dauer zu berechnenden und einigermaßen sorglos zu beginnenden Institution, wie er dieser
selbst nach dem Tode des Meisters noch als wohlbegründet
gewahrt bleiben konnte.

Während Wagner ebensowohl durch die unbefriedigenden
Verhältnisse wie durch das Klima in Deutschland 1880 und
1881 nach dem Süden Italiens, nach Neapel und nach

Palermo, getrieben worden war, und in letzterer Stadt am
13. Januar 1882 die Instrumentation des „Parsifal" voll=
endet hatte, war es dem heimischen Patronat=Vereine
in fünf Jahren, trotz allen redlichen Bemühungen, aber bei
einer .erklärlichen Scheu vor allen sonst so gewöhnlichen
Mitteln einer Geldsammlung im großen Style, leider nicht
geglückt, ein größeres Kapital zusammen zu bringen als ein
solches, das allerdings ein neues Festspiel erstmals ermög=
lichen, dabei aber alsbald gänzlich verbraucht, die Sache
weder fortführen, noch irgend sichern konnte. Wohl waren
schöne, bescheidene Thaten der Begeisterung in manchem armen
Winkel Deutschlands geschehen; wohl fand sich ein einzelner
Reicher, dem der Verein die S ch ö n'sche Stiftung von
10,000 Mark verdankte; wohl stand leuchtend über Allem
das edele Künstlerwerk Hans von Bülow's, der allein
mit eigenen Meisterhänden 40,000 Mark für Bayreuth er=
spielte. Aber um für den vereitelten Plan der „Stylschule"
einen Ersatz zu gewinnen in regelmäßig jährlich fortgesetzten
Festspielen, geeignet zur lebendigen Fortpflanzung der Tra=
dition des reinen Styles, dazu mußte Wagner sich ent=
schließen — und dies war die gar schmerzliche letzte Ent=
sagung — seine Festspiele öffentlich gegen Entree zu geben, und
sie dergestalt durch die jeweiligen Einnahmen nach Möglich=
keit sich selbst erhalten zu lassen. Zugleich aber übertrug
er dem verdienstvollen Spender jener 10,000 Mark die Be=
gründung und Verwaltung eines eigenen .Stipendienfonds
zur Ermöglichung des Festspielbesuches für Minderbemittelte,
auf dessen stätige Vermehrung er eine neue Vereinsthätigkeit

vorzüglich hingeleitet wissen wollte. Denn daran vornehm=
lich blieb ihm jetzt gelegen, daß gegenüber einem nun zu=
gelassenen großen Publikum mehr oder minder wohlhabender
Durchreisender in Bayreuth sich allmählich auch eine wachsende
Schaar aufrichtig theilnehmender, ernstlich lernender, „die
Sache um ihrer selbst willen" treibender Festspielbesucher aus
allen Schichten der Bevölkerung zusammenfinde. Ließ sich
nicht vielleicht doch hoffen, daß man auf diesem Wege einer
moralischen Thätigkeit für Andere zuletzt noch an das ideale
Ziel einer ganz unentgeltlichen Darbietung der Kunst
an das Volk überhaupt gelangen könnte? — Die jüngste
Spende eines hochherzigen Ungenannten im Betrage von
20,000 Mark zum Ankauf von Freikarten vornehmlich
für die akademische Jugend darf wohl als eine erste
glänzende Bestätigung jener so überaus kühn erscheinenden
letzten Hoffnung des Bayreuther Meisters gelten. Mit dieser
letzten Hoffnung für das an seiner Kunst theilnehmende Volk
im Herzen, und die fast vollendeten Vorbereitungen zur ersten
Wiederholung des Festspiels im Sinne, so schied der Künstler
von der Welt und hinterließ ihr und vor Allem seinem deut=
schen Volke als Testament das Ideal und als Erbe die
auf sichernden Boden gestellte Bayreuther Verwirklichung seines
gesammten Lebenswerkes.

Nicht nur bei den hinschwindenden Gegnern Wagner's,
auch in dem großen Publikum, welches über sein Lebenswerk
noch wenig sich aufgeklärt hatte, konnte man die Meinung äußern
hören, daß es nach dem Tode des Meisters von Bayreuth mit
diesem „Bayreuth" selbst nun jedenfalls und völlig „aus"

sein müsse. Man kannte da eben nur einzelne schöne Werke des Künstlers, wie sie auf den Opernbühnen dargeboten wurden, und glaubte, seine Unsterblichkeit bestehe in einem möglichst häufigen Erscheinen dieser Werke, auf die einmal gewohnte Weise, im Opernrepertoire der Gegenwart und einer hinlänglichen Zukunft. Man hatte noch keinen rechten Begriff davon, was alles er eigentlich, schon in diesen Werken selbst, was aber auch noch außer ihnen für die Kunst geschaffen und hinterlassen hat.

Der Bau des idealen Theaters, die schon verwirklichten Beispiele des reinen Styles, und die lebendigen Grundzüge einer fortwirkenden Schule desselben, in den zahlreich vorhandenen, von dem Meister selbst herangebildeten und beeinflußten Mitteln und persönlichen Kräften (Dirigenten, Sängern, Technikern), wie sie nun zusammen eine traditionell fixirte, sozusagen „klassische" Erscheinung der Kunst dortselbst realisiren: dies Alles sind Wirklichkeiten, welche mindestens wiederum die größesten Möglichkeiten in sich bergen, um das einzigartige Lebenswerk des einzelnen Genius in einer pietätvollen Gesammtheit, unter dem Segen seines nicht mehr aus der Welt zu tilgenden Geistes, würdig zu erhalten und fortzuführen. Es sind gewichtigste Errungenschaften vorhanden, zum Heile der idealen Kunst, zu ihrer exzeptionellen Befreiung aus den entstellenden Modeformen einer unkünstlerischen Realität, die der gesellschaftlichen Konvention nur eben entspricht, und zur Erkräftigung der Auffassung der Kunst überhaupt als eines höchsten menschlichen Kulturelementes, — Errungenschaften, dergleichen die großen Vor-

gänger Wagner's mit ihren, der Noth der Zeit überirdisch
entstrahlenden Meisterwerken, noch nicht einem wandel-
müthig bewundernden Volke als sicherndes Erbe zugleich
hatten hinterlassen können.

Daß diese kostbaren Errungenschaften uns nicht wieder
verloren gehen sollen, und daß die vorhandenen Möglichkeiten ihres verwirklichenden Weiterlebens nicht zu entbehren brauchen, dafür lieferte gleich das erste ohne Wagner
begangene Festspiel von 1883 mit seinem selbst die trauern-
den Freunde überraschenden künstlerischen wie materiellen Erfolge sofort den glänzendsten Beweis. So groß war dieser
Erfolg, daß ohne Zagen gleich für das nächste Jahr 1884
eine dritte Wiederholung des Bühnenweihfestspieles im Vertrauen auf dieselbe stylistisch sichere Ausführung nach der
Meistertradition und auf die anhaltende Theilnahme des
Publikums unter reger Betheiligung der vereinigten Bayreuther Künstlerschaar festgesetzt werden konnte. Geht auch
das diesjährige Festspiel — wie zu hoffen — ebenso günstig
aus, so dürfte man wohl nun schon auf Grund eines ausgeführten festen Organisationsplanes eine Fortsetzung der
Festspiele durch fernere Jahre, im Sinne einer wirklich lebendigen Schule der Stylbildung, über die Objekte
(Wagner's andere Werke) und die Kräfte der Darstellung
(neue Mitwirkende) zweckmäßig erweitert, ankündigen können.

Bei einem solchen glücklichen Verlaufe der Dinge in
Bayreuth könnte man dann in der That mit voller Freudigkeit sagen, Wagner habe nicht umsonst gelebt. Sein Lebenswerk, und damit ein jedes seiner Werke im Sinne ihres

Schöpfers, wäre dann wirklich gerettet: ein lebendes Werk.
Der wunderbare Bau, welcher dieses Werk architektonisch
repräsentirt, brauchte nicht einfach zugeschlossen und dem in
seinen Einzelwerken überlebenden Geiste des Meisters die
folgende Resolution angekündigt zu werden:

„Der Zeitgeist, der Dir immer, wenn Du recht
schöne Musik nach dem heutigen Gefallen seines Ohres
machtest, gern und willig applaudirt hat, er befindet nun,
ergriffen durch den Anblick Deines Grabes und begeistert
durch einen endlich geglückten Verschluß des Bayreuther
Theaters: Deine unsterblichen Werke, die Du eben für ein
solches Idealtheater gedacht und bestimmt hattest, sollen treulich nach wie vor, ohne Störung der künstlerischen und gesellschaftlichen Gemüthlichkeit, auf denselben Opernbühnen
zur weiteren Aufführung gelangen, gegen deren Sphäre,
Wesen und Gewohnheiten Du mit achtungswerthester Energie
Deinen großen Lebenskampf geführt hast. Du hast ihnen
mit einer unerhörten Macht künstlerischer Autorität die besten
Kräfte zur zeitweiligen Aufopferung für ein ganz unkon-
ventionelles „Betreiben der Kunst um ihrer selbst willen"
nach Deinem Bayreuth hin entzogen; nun aber sind sie mir
glücklicherweise wieder freigegeben, da der Zauberbann Deiner
Persönlichkeit sich gelöst hat! Am alten Ort, nach alter
Art, — als hättest Du nie gelebt, sondern nur ich, der
Zeitgeist, mit meinem Operntheater wäre das Unsterbliche —,
mögen sie nun bald in dem weichen Spülicht fortrieselnder
Konvention, meinem freundlichen Lebenselemente, Alles wieder
vergessen, was einmal ein Wagner sie gelehrt. Denn nun

dürfen sie sich wiederum mit dem hier einzig ihnen Geziemenden würdig beschäftigen: nämlich Deine Werke nur nach dem Maßstabe desjenigen Publikums auszuführen, welches sich bei ihnen langweilt. Nach diesem vortrefflichen Maßstabe wäre dann z. B. in Deinen „Meistersingern" gleich die Ouvertüre bis zur Coda zu streichen und der Chor „Wach auf, es nahet gen den Tag", als eine den „Tag" doch gar nicht mehr interessirende Reklame für einen „schon lang todten" Nürnberger Innungsmeister, einfach ganz wegzulassen! (1869 in Mannheim.) In Deinem „Tristan" aber mag der todsieche Held sich das — wie Du meintest — Hauptwort seiner Rolle, den Liebesfluch, lieber durchaus sparen, um mit dem Seufzer „Vor Sehnsucht nicht zu sterben!" sofort ersterbend dem Kurvenal das Strichwort zu geben für den Ausruf: „Da liegt er nun! — Hat ihn der (ungefluchte) Fluch entführt?" (Wien 1883.) — Oder es wird dem König Marke die so überaus schlagende Konsequenz in den matten Mund gelegt werden dürfen: „Die fürstliche Braut brachtest Du mir dar — die kein Himmel erlöst, warum mir diese Hölle?" (Dresden 1884.) — Das ist dann freilich nicht mehr der Wagner verrückter „Wagnerianer", welche in ihrer lächerlichen Befangenheit bei der Meinung beharren, ein großer Mann komme deshalb auf die Welt, damit sie auf seine Worte und Werke achte und, wenn verstanden, danach handle; aber dafür ist es der wahre Wagner, nämlich mein Wagner, der Wagner des Zeitgeistes; Wagner's Unsterbliches im schillernden Glase des Homunculus!"

Sollte wirklich die deutsche Nation ihres Meisters Erbe nur nach dem Sinne einer solchen Resolution des Zeitgeistes antreten wollen? — Auch des Homunculus Glas zerschellt einmal an dem Muschelnachen der Galathea, des Genius der Schönheit, des „Ideals". — Mitten aus der Strömung der Zeit taucht ein solcher Träger des Ideales auf und findet, um nicht mitfortgerissen zu werden, mit seinem von einem Meister geschmiedeten goldenen Anker, dem Zeichen kühnster Hoffnung, einen festen Grund in den künstlerischen Möglichkeiten, deren thatsächliche Wirklichkeit, in einzelnen erhabenen Spitzen aus den Zeitfluthen aufragend, schon heute nicht mehr wegzuleugnen ist. — Wir haben das Theater in Bayreuth, wir haben Wagner's Werke, Wagner's Schüler, ja Wagner's Tradition und Schule selbst*); wir haben die Bayreuther Festspiele, und die Festspiele haben ihr Publikum. Sollte das letzte Glied dieser stolzen Reihe sich etwa gegen all die anderen auflehnen und meinen, das, was da ist und was wir haben, das soll nicht sein — das wird nicht sein — das kann nicht sein? — 1884: letzte Aufführung des „Parsifal" in Bayreuth — 1894: hundertste Aufführung der „Walküre' im Berliner Hofopernhause: „auf allgemeines Verlangen bleibt der zweite Akt weg, statt dessen: das schlecht bewachte Mädchen, Ballet".

Soll es so sein? Wird es so sein? Kann es so sein? — „Ei nein, gewiß nicht!" — Wagner hat doch nicht

---

*) Theoretisch fixirt z. B. für den „Deutschen Gesangsunterricht" in dem gleichnamigen, sehr verdienstvollen Werke von Julius Hey.

„umsonst gelebt"; wir haben sein „Lebenswerk" und wir
wollen es behalten! — Zeitgeistiger Homunculus, dein Opern=
glas zerspringt am Bayreuther Theater, einer zweifellosen,
im Felsen ankernden Wirklichkeit des Ideales! — —

Nichts destoweniger hört man gewöhnlich noch immer
drei Einwendungen gegen die Möglichkeit einer Fort=
führung des Bayreuther Werkes im Publikum wiederholen,
welche nun freilich nach allem Vorhergesagten mit wenigen
Worten zu widerlegen sind.

Erstens: „Was soll aus Bayreuth werden, da ihm
doch seit Wagner's Tode die leitende Autorität fehlt?"

Ja, was denkt man sich hierbei unter „Autorität"?
— Einen genial=schöpferischen Meister wie Wagner selbst?
— Ein Solcher wird uns allerdings sobald nicht wieder=
kehren; um so mehr aber bleibt es die Pflicht der Ueber=
lebenden, das gesammte reiche, von ihm hinterlassene Erbe
aus allen Kräften in Stand und für den einst etwa
kommenden neuschöpferischen Nachfolger bereit zu halten,
als würdige Stätte zur freien Bethätigung des Genies, deren
die großen Vorgänger alle so schmerzlich entbehren mußten.
In jenem reichen Erbe Wagner's sind nun aber gerade alle
Mittel und Kräfte zu seiner Erhaltung (Stätte, Tradition,
leitende und ausübende Personen) schon dergestalt mit ent=
halten, daß es zur geordneten Durchführung ihrer gemein=
samen Thätigkeit wirklich nur noch jener amtlich=künstlerischen
Autoritäten bedarf, wie sie eine jede theatralische Unternehmung,
als technische Direktion oder Regie, nöthig hat, und wie
sie auch Bayreuth in den dafür bestimmten Persönlichkeiten

bewährtester Schüler Wagner's (z. B. Fritz Brandt, des
außerordentlich begabten Bühnentechnikers von Darmstadt,
und Anton Fuchs, des vortrefflichen Regisseurs der Mün=
chener Hofoper) gegenwärtig in der That bereits besitzt. Zur
achtunggebietenden persönlichen Bestätigung und Wahrung
der künstlerischen Würde der Sache, sowohl nach Außen
hin wie für das Gefühl der Künstlergenossenschaft selbst, hat
zudem die in aller Welt hochverehrte große Persönlichkeit
Franz Liszt's, bei Proben und Aufführungen gegenwärtig,
das Ehrenpräsidium der Bühnenfestspiele inne. —
Unter solchen Auspicien darf sich das Werk des Meisters
der Gegenwart, Dank seiner eigenen reichen Hinterlassenschaft,
getrost lebendig erhalten durch weite Zeiten, bis einmal ein
Meister der Zukunft erscheint, der zu dem ewigen Werke
aller Genien der Menschheit ein eigenes neues Wort zu
sagen weiß.

Zweitens: „Wie einst die „Nibelungen" nur in
Bayreuth aufgeführt werden sollten und hernach doch in
alle Welt zogen, so wird es auch bald mit dem „Parsifal"
ergehen; und damit ist Bayreuth geliefert, und schon jetzt
eine Pilgerfahrt dorthin zum „Parsifal" eigentlich über=
flüssig."

Als ob man das in Bayreuth nicht wüßte, daß
Bayreuth mit dem „Parsifal" steht und fällt! Man
weiß aber dort auch das Andere: daß nämlich der „Par=
sifal" selber steht und fällt mit Bayreuth, — daß bei
einer nothgedrungenen Schließung des Bayreuther Theaters
auch der nur dort in dramatisch=musikalischer Vollkraft vor

dem Volke leuchtende „Gral" fürderhin der Welt ver=
schlossen bleiben müßte, nach seines Meisters uns vermachtem
Wort und Willen. Man weiß endlich auch, und wünscht,
alle Welt möchte dies nachgerade auch recht gründlich
wissen, daß jene „Nibelungen", welche ihr Schöpfer um
ihres eigenartigen Styles willen dem Bayreuther Theater
erhalten wissen wollte, lediglich unter dem Zwange einer
für ihn sehr persönlich gewordenen Noth, des Defizits, und
sehr gegen seinen Wunsch damals auf die Opernbühnen
gerathen mußten; wogegen nun der „Parsifal", nicht nur
wegen seines künstlerischen Styles, sondern vornehmlich auch
wegen seines religiösen Inhaltes von den Opernbühnen
ausgeschlossen, keinesweges mehr in der Gefahr schwebt, um
irgend welcher persönlichen Noth willen preisgegeben werden
zu müssen, vielmehr durch die ehrfürchtig gebundene
Pietät der Erben und Ueberlebenden einzig nach
dem nunmehr unveränderlichen Testamente des
Meisters „Nur für Bayreuth" an der geweihten
Stätte treulich erhalten bleiben soll und wird.

Drittens: „Wo will Bayreuth die Mittel hernehmen
zu einer dauernden Erhaltung und Erweiterung über den
„Parsifal" hinaus?"

Die Mittel zu seiner Erhaltung hat bis jetzt eine
Reihe erfolgreicher Festspiele aus den jeweiligen Einnahmen
sich selbst verschafft, sodaß am Schlusse eines jeden der
ursprüngliche Fonds verstärkt wieder vorhanden war für die
Vorbereitung des nächsten, und nach einem gleichen Resultate
von 1884 auch schon die Erweiterung des Programms in

das Auge gefaßt werden kann. Auch ist kein vernünftiger
Grund vorhanden, weshalb der Besuch des Weltpublikums,
das zum geringsten Theile erst den „Parsifal" und das
Bayreuther Theater kennt (wenn aber einmal kennt, auch
gerne wiederzukommen pflegt) bei der jetzigen Bequemlich=
keit des Reisens und Billigkeit des Aufenthaltes sobald
schon in besonders gefährdendem Maße abnehmen sollte.
Immerhin bleibt es gewiß höchst wünschenswerth, daß
außer jenem fluktuirenden Festspielfonds, zur dauern=
den Sicherstellung gegen jede Zufälligkeit der sommerlichen
Einnahmen und zur Ermöglichung völlig freier Bewegung,
Ausbildung und Ausbreitung der Institution, auch noch ein
fester, starker, nicht mit jedem Festspiel wieder verbrauchter,
sondern in stiller Sicherheit immer mehr anwachsender
Garantiefonds für alle Fälle irgendwo vorhanden sei.
Einen solchen nun unermüdlich anzusammeln, von aller
Welt Enden her, wo Herzen schlagen für ideale Kunst nnd
Kultur, dafür hat sich gleich nach Wagner's Tode zu
Pfingsten 1883 der Allgemeine Richard Wagner=
Verein begründet und binnen Jahresfrist schon in 377
Vertretungen bis nach dem fernen Sunda=Archipel hin ver=
breitet, die Masse des Volkes durch Einziehung kleinster
Jahres=Beiträge (4 Mark) an dem idealen Lebenswerke
Wagner's betheiligend, durch besondere Unternehmungen wie
durch größere Spenden (z. B. die 20 000 Mark für Frei=
karten) jene nur allmähliche Massensammlung nachdrücklich
fördernd, in zahlreichen Zweigvereinen die Ideen Wagner's
möglichst verbreitend, auch den Besuch der Festspiele selbst

7*

in mancherlei Hinsicht erleichternd: so recht eigentlich der
sichernde Hintergrund einer thätigen Volkes-Treue,
für alle Eventualitäten stäts vorhanden, von welchem die
einzelnen Spiegelbilder des verklärten künstlerischen Genius,
die Festspiele in Bayreuth, sich glänzend abheben.

Was wäre das wohl für eine kuriose Rechnung:
„Bayreuth kann ja doch nicht durch den „Besuch" erhalten
werden — also besuchen wir es lieber nicht; der „Verein"
bekommt ja doch nicht Geld genug für die Sicherung von
Bayreuth zusammen — also geben wir auch lieber kein
Geld, keine 4 Mark, dem Vereine; — Wagner selbst ist
ja nun doch einmal todt — also schlagen wir lieber gleich
auch Alles todt, was noch von ihm kräftig und hoffnungs-
voll lebt: sein Werk und Erbe — Bayreuth!"

Wer rechnet so? Gewiß nicht auch nur der einfachste
gesunde Menschenverstand. Ja, und nicht allein der gesunde
Menschenverstand rechnet ganz anders, sondern vor Allem
auch die Pflicht gegen die eigene Ehre des deutschen Volkes,
nicht nur vor den Augen der anderen Nationen, welche längst
mit Bewunderung auf das Lebenswerk des deutschen Künstlers geblickt und in seinem Bayreuther Idealtheater ein nur
den Deutschen allein unter allen Völkern zu Theil gewordenes
Denkmal künstlerischer Schöpferkraft erkannt haben, — nein,
Pflicht auch gegen die Ehre vor dem eigenen Gewissen des
deutschen Geistes, aus welchem seit Jahrtausenden die
unvergleichliche Reihe der großen Männer hervorgegangen
ist: Helden, Weise, Meister, Befreier, von Armin dem Che-
rusker bis auf Richard Wagner! —

Von der Grotenburg im Teutoburger Walde, über Kyffhäuser und Wartburg und alle den Deutschen heiligen Berge und Stätten hinweg, bis auf den jüngst gekrönten Hügel von Bayreuth schwebt hoch über unsern Häuptern der brüderliche Geisterzug erhabener Ahnen und blickt aus göttlich leuchtenden Augen segnend und sorgend herab auf die Thaten und Schicksale seines deutschen Volkes. Alles, was deutsch und echt in uns ist, wie es sich selbst wieder bewußt wird im klaren Erschauen jener ewig wandelnden Geister, so weiß es tief im eigenen Herzen sich innig Jenen zugehörig und zur treuen Nachfolge ihrer Thaten, zur würdigen Wahrung ihrer Werke verbunden. Jede deutsche That, jedes deutsche Werk im reinen Sinne jener unsterblich Verklärten erhebt sich aus seinen nationalen Wurzeln zu der sonnigen Blüthe des Allgemein-Menschlichen, die da Licht und Leben empfängt aus den überirdischen „Gefilden der hohen Ahnen", wo ihre wahre Heimath ist. Auch ein erhabener deutscher Olympier schwebt nahe dem Ende des himmlischen Zuges, dort, wo nun ewig „über allen Gipfeln Ruhe" ist, und er vernimmt den Gruß seines jüngsten Nachfolgers von Bayreuth, jenes letzte Wort, das der Geist des Meisters, der nun auch verklärt um diesen seinen „heimischen Hügel" schwebt, auf Erden öffentlich ausgesprochen hat:

„Nicht fern genug von der erzielten Vollendung könnten wir beginnen, um das Reinmenschliche mit dem ewig Natürlichen in harmonischer Uebereinstimmung zu erhalten. Schreiten wir auf solch maaßvollem Wege besonnen vor, so dürfen

wir uns dann auch in der Fortſetzung des Lebenswerkes
unſeres großen Dichter's (Goethe) begriffen erkennen, und
von ſeinem ſagenvollen Zuwinke geleitet uns des rechten
Weges bewußt fühlen." (R. Wagner, Bayreuther Blätter,
Januar 1883).

Da zieht es vielleicht wie ein Wolkenſchatten irdiſcher
Erinnerung über das olympiſche Sonnenauge, das eben noch
glänzender wiederſtrahlend von dem wunderbaren Propheten=
lichte dieſes grüßenden Bruderwortes, nun auf dem ſeltſamen
Bau des Bayreuther Hügels ſinnend ruhen bleibt. Auch er,
der Olympier, hatte einſt dies Ideal für ſeines Volkes
Theater erſtrebt, und mußte an ſeines eigenen Lebens Ende
troſtlos klagen: „Ich dachte in kindiſcher Hoffnung,
es würde gehen; aber es regte ſich nicht und rührte
ſich nicht und blieb Alles wie zuvor." (Goethe zu Ecker=
mann, III. 55.)

Doch hier iſt mehr geſchehen, als je zuvor geſchehen konnte,
auf dieſem Bayreuther Hügel; nicht wieder verſtummen wird
der ſo herrlich prophetiſch grüßende Geiſt des letzten Meiſters,
weil ſein Volk der Weiheſtätte ſeines Berges ungerührt und
unerregt wieder den Rücken kehrte, und Alles werden,
nicht bleiben, ließ wie zuvor, — alſo daß der olympiſche
Ahnherr ſelbſt in der düſteren Weiſe ſeines Parzenliedes
traurig mit verſtummen müßte:

> „Denkt Kinder und Enkel,
> und ſchüttelt das Haupt!"

Nein, hier iſt wahrlich mehr geſchehen, gewonnen und
hinterlaſſen; und wenn es hier „bleibt wie zuvor," und

nichts gewandelt, sondern nur erhalten wird, so „haben
wir eine Kunst" — die Kunst, für welche die Ahnen ge=
wirkt und geschaffen: die aus der Noth des Alltags befreite,
an feierlicher Stätte gesicherte künstlerische Manifestation
des heroischen Geistes idealer Menschheitskultur.

> „Vollendet das ewige Werk:
> auf Bergesgipfel die Götterburg!
>   Stark und schön
>   Steht er zur Schau:
> Hehrer, herrlicher Bau!"

Und siehe, das göttergleiche Sonnenauge des deutschen
Olympiers bleibt mit dem erhabenen Lächeln einer seligen
Befriedigung an dem Hügel und der Burg dort haften, die
der Geist seines Nachfolgers nun wieder tönend und strahlend
umschwebt; und wie er die Schaaren der Völker sieht, die
sich weither sammeln zu der geweihten Stätte, draußen aber
im deutschen Lande wirrt es und schwankt es noch mannich=
fach bewegt durcheinander von unbestimmt ringenden Nebel=
gebilden unendlicher Möglichkeiten: da ruft er mit lauter
Stimme, hoffnungsfreudig, im neuerweckten Vertrauen auf
den deutschen Geist, der Olympier von Weimar die Bruder=
hand reichend dem Tempelherrn von Bayreuth, aus den Ge=
filden der hohen Ahnen herab in die lauschend bereiten Herzen
der Kinder und Enkel sein gutes, starkes deutsches Dichterwort:

„Nicht dem Deutschen geziemt es, zu schwanken hierin und dorthin.
Dies ist unser! So laßt uns sagen, und so es behaupten!"

———⚬❧⚬———

Für alle Wagnerfreunde von Interesse.

Parsifal. Scenische Bilder nach den Decorationen und Figurinen der Gebrüder Brückner und P. Joukovsky. Neun Photographien. **Zweite verbesserte Auflage. Folio-Ausg.** 9 Blatt (32×45 cm) in Umschlag **15** $\mathscr{M}$, in eleganter Leinwand-Mappe mit Golddruck **20** $\mathscr{M}$.

Erinnerung an die Bühnenfestspiele Gruppenbilder aus dem Musikdrama „Parsifal", nebst Ansicht von Wagners Geburts-, Wohn- und Sterbehaus. INHALT: 1. Doppel-Portrait R. Wagners u. Frau. — 2. Kundry kündigt Parsifals Mutter Tod. — 3. Das Liebesmahl der Ritter. — 4. Kundrys Beschwörung. — 5. Blumenmädchen. — 6. Charfreitagsgruppe. — 7. Schlussscene. Die Gralenthüllung. — 8. Drei Wagnerstätten. Lichtdrucke in eleg. Mappe. kl. 8. **3** $\mathscr{M}$.

Parsifal. Einführung in die Dichtungen Wolframs von Eschenbach und Richard Wagners nebst **Erläuterung der musikalischen Motive zu** R. Wagners Parsifal-Drama von O. Eichberg. 4 Bogen mit 1 Musiktafel. Zweite Auflage. Geheftet 1 $\mathscr{M}$, eleganter englischer Leinwandband 1 $\mathscr{M}$ 50 $\mathscr{Pf}$.

Bayreuther Briefe. Augenblicksbilder aus den Festspiel-Aufführungen. Von R. D. Dritte Auflage. 3 Bogen. **1** $\mathscr{M}$.

R. Wagner's Frauengestalten dargestellt und erläutert von Prof. Dr. Rich. Gosche. 12 Bogen Text kl. 4° mit 12 Photographien, Costümportraits von den berühmtesten Wagnersängerinnen und einem Briefe Richard Wagners in Autographie, farbigen Rändern auf Kupferdruck, feinste Ausstattung in Original-Prachtband. Preis **20** $\mathscr{M}$. INHALT: 1. **Irene** (Lili Lehmann — Berlin). 2. **Senta** (Th. Malten — Dresden). 3. **Elisabeth** (M. Wekerlin — München). 4. **Venus** (J. Béber — Leipzig). 5. **Elsa** (M. Mallinger — Berlin) 6. **Ortrud** (Moran Olden — Frankfurt). 7. **Eva** (Ros. Sucher — Hamburg). 8. **Isolde** (Th. Vogel — München). 9. **Brangäne** (A. Luger — Leipzig). 10. **Sieglinde** (Sachse-Hofmeister — Berlin). 11. **Brünnhilde** (Reicher-Kindermann †) 12. **Kundry** (Am. Materna — Wien). Dieselben Blätter in Einzel-Photographien (Royal-Format 54:60) zum Wandschmuck à Blatt **15** $\mathscr{M}$, in Cabinet-Mappe **10** $\mathscr{M}$.

Ferner folgende besonders wichtige **hochinteressante Bildwerke:**

Richard Wagner. Neueste Portraitaufnahme nach dem Leben. Photographirt von Fr. Bruckmann. In **Imperialformat** (86×63 cm) **15** $\mathscr{M}$, **Royalformat** (63×47 cm) **5** $\mathscr{M}$, **Cabinetformat** (18×12 cm) **1** $\mathscr{M}$, **Visitformat 50** $\mathscr{Pf}$.

Richard Wagner. In Portrait-Medaillon- ⎫ Hautreliefs (45 cm Durchm.)
Relief von Professor Gustav Kietz. · ⎬ als Pendants à **15** $\mathscr{M}$ ord.
L. v. Beethoven. Relief-Medaillon von ⎭ Verpackung à Stück 3 $\mathscr{M}$.
Professor Albrecht.

Richard Wagner von F. Steeger. Neue Gypsbüste in ³/₄ Lebensgrösse. Preis **20** $\mathscr{M}$.

Im unterzeichneten Verlage erscheint:

„Parsifal"

Halbmonatsschrift zum Zwecke der Erreichung der Richard Wagner'schen Kunst–Ideale.

Erscheint am 1. und 15. jeden Monates. — Chef-Redacteur
Emerich Kastner.

––––––––––

Das Programm, dessen Verwirklichung von diesem Organe angestrebt wird, umfasst in der Hauptsache folgende drei Punkte:

1. Die Sammlung, Sichtung und Zusammenfassung aller grossen und kleinen Erscheinungen und Vorkommnisse, die irgend auf Richard Wagner Bezug haben;

2. die Pflege der durch den Meister geschaffenen nationalen Kunst und damit in erster Linie die Förderung und Erhaltung der Bühnenfestspiele;

3. die Herstellung einer geistigen Verbindung aller Gesinnungsgenossen und Anhänger des Dichter-Componisten.

Alle Gesinnungsgenossen und Freunde unserer Sache sind freundlichst eingeladen, durch das Abonnement dieser Zeitschrift, sowie auch durch Einsendung geeigneter Beiträge jeder Art die durch dieselbe angestrebten Ziele zu fördern.

––––––––––

Der Pränumerationspreis beträgt ganzjährig fl. 2.50 = Mk. 5.—
= Francs 7.—, halbjährig die Hälfte. — Man abonnirt sowohl direct bei der Administration, wie auch bei jeder Postanstalt, Buch- und Musikalienhandlung. — Probenummern auf Verlangen gratis u. franco.

Die Administration des „Parsifal" in Wien I.

(Volksgartenstrasse 5.)

Leipzig: **Edwin Schloemp**, Hohestr.

➤⋅⫶⋅◄

Verlag von **Edwin Schloemp** in Leipzig.

Für alle Wagnerfreunde von Interesse.

Parsifal. Scenische Bilder nach den Decorationen und Figurinen der Gebrüder Brückner und P. Joukovsky. Neun Photographien. **Zweite verbesserte Auflage. Folio-Ausg.** 9 Blatt (32 × 45 cm) in Umschlag **15** ℳ, in eleganter Leinwand-Mappe mit Golddruck **20** ℳ.

Erinnerung an die Bühnenfestspiele Gruppenbilder aus dem Musikdrama „Parsifal", nebst Ansicht von Wagners Geburts-, Wohn- und Sterbehaus. INHALT: 1. Doppel-Portrait R. Wagners u. Frau. — 2. Kundry kündigt Parsifals Mutter Tod. — 3. Das Liebesmahl der Ritter. — 4. Kundrys Beschwörung. — 5. Blumenmädchen. — 6. Charfreitagsgruppe. — 7. Schlussscene. Die Gralenthüllung. — 8. Drei Wagnerstätten. Lichtdrucke in eleg. Mappe. kl. 8. **3** ℳ.

Parsifal. Einführung in die Dichtungen Wolframs von Eschenbach und Richard Wagners nebst **Erläuterung der musikalischen Motive zu R. Wagners Parsifal-Drama** von O. Eichberg. 4 Bogen mit 1 Musiktafel. Zweite Auflage. Geheftet 1 ℳ. eleganter englischer Leinwandband 1 ℳ 50 ₰.

Bayreuther Briefe. Augenblicksbilder aus den Festspiel-Aufführungen. Von R. D. Dritte Auflage. 3 Bogen. **1** ℳ.

R. Wagner's Frauengestalten dargestellt und erläutert von Prof. Dr. Rich. Gosche. 12 Bogen Text kl. 4° mit 12 Photographien, Costumportraits von den berühmtesten Wagnersängerinnen und einem Briefe Richard Wagners in Autographie, farbigen Rändern auf Kupferdruck, feinste Ausstattung in Original-Prachtband. Preis **20** ℳ. INHALT: 1. Irene (Lili Lehmann — Berlin). 2. Senta (Th. Malten — Dresden). 3. Elisabeth (M. Wekerlin — München). 4. Venus (J. Béber — Leipzig). 5. Elsa (M. Mallinger — Berlin) 6. Ortrud (Moran Olden — Frankfurt). 7. Eva (Ros. Sucher — Hamburg). 8. Isolde (Th. Vogel — Munchen). 9. Brangäne (A. Luger — Leipzig). 10. Sieglinde (Sachse-Hofmeister — Berlin). 11. Brünnhilde (Reicher-Kindermann †) 12. Kundry (Am. Materna — Wien). Dieselben Blätter in Einzel-Photographien (Royal-Format 54: 60) zum Wandschmuck à Blatt 15 ℳ, in Cabinet-Mappe 10 ℳ.

Ferner folgende besonders wichtige **hochinteressante Bildwerke:**

Richard Wagner. Neueste Portraitaufnahme nach dem Leben. Photographirt von Fr. Bruckmann. In **Imperialformat** (86 × 63 cm) 15 ℳ, **Royalformat** (63 × 47 cm) 5 ℳ, **Cabinetformat** (18 × 12 cm) 1 ℳ, **Visitformat 50** ₰.

Richard Wagner. In Portrait-Medaillon-Relief von Professor **Gustav Kietz.** ⎱ Hautreliefs (45 cm Durchm.) als Pendants à **15** ℳ ord.

L. v. Beethoven. Relief-Medaillon von ⎰ Professor **Albrecht.** Verpackung à Stück 3 ℳ.

Richard Wagner von F. Steeger. Neue Gypsbüste in ³/₄ Lebensgrösse. Preis **20** ℳ.

Druck von Metzger & Wittig in Leipzig.

Music and Books published by Travis & Emery Music Bookshop:

Anon.: Hymnarium Sarisburiense, cum Rubricis et Notis Musicis.

Anon.: Säcularfeier des Geburtstages von Ludwig van Beethoven

Agricola, Johann Friedrich from Tosi: Anleitung zur Singkunst.

Bach, C.P.E.: edited W. Emery: Nekrolog or Obituary Notice of J.S. Bach.

Bateson, Naomi Judith: Alcock of Salisbury

Bathe, William: A Briefe Introduction to the Skill of Song

Bax, Arnold: Symphony #5, Arranged for Piano Four Hands by Walter Emery

Burney, Charles: The Present State of Music in France and Italy

Burney, Charles: The Present State of Music in Germany, The Netherlands …

Burney, Charles: An Account of the Musical Performances ... Handel

Burney, Karl: Nachricht von Georg Friedrich Handel's Lebensumstanden.

Burns, Robert: The Caledonian Musical Museum ..The Best Scotch Songs. (1810)

Cobbett, W.W.: Cobbett's Cyclopedic Survey of Chamber Music. (2 vols.)

Corrette, Michel: Le Maitre de Clavecin

Crimp, Bryan: Dear Mr. Rosenthal … Dear Mr. Gaisberg …

Crimp, Bryan: Solo: The Biography of Solomon

Crotch, William: Substance of Several Courses of Lectures on Music

d'Indy, Vincent: Beethoven: Biographie Critique

d'Indy, Vincent: Beethoven: A Critical Biography

d'Indy, Vincent: César Franck (in French)

Fischhof, Joseph: Versuch einer Geschichte des Clavierbaues. (Faksimile 1853).

Frescobaldi, Girolamo: D'Arie Musicali per Cantarsi. Primo & Secondo Libro.

Geminiani, Francesco: The Art of Playing the Violin.

Handel; Purcell; Boyce; Geene et al: Calliope or English Harmony: Volume First.

Häuser: Musikalisches Lexikon. 2 vols in one.

Hawkins, John: A General History of the Science and Practice of Music (5 vols.)

Herbert-Caesari, Edgar: The Science and Sensations of Vocal Tone

Herbert-Caesari, Edgar: Vocal Truth

Hopkins and Rimboult: The Organ. Its History and Construction.

Hunt, John: - see separate list of discographies at the end of these titles

Isaacs, Lewis: Hänsel and Gretel. A Guide to Humperdinck's Opera.

Isaacs, Lewis: Königskinder (Royal Children) A Guide to Humperdinck's Opera.

Kastner: Manuel Général de Musique Militaire

Lacassagne, M. l'Abbé Joseph : Traité Général des élémens du Chant.

Lascelles (née Catley), Anne: The Life of Miss Anne Catley.

Mainwaring, John: Memoirs of the Life of the Late George Frederic Handel

Malcolm, Alexander: A Treaty of Music: Speculative, Practical and Historical

Marx, Adolph Bernhard: Die Kunst des Gesanges, Theoretisch-Practisch

May, Florence: The Life of Brahms

May, Florence: The Girlhood Of Clara Schumann: Clara Wieck And Her Time.

Mellers, Wilfrid: Angels of the Night: Popular Female Singers of Our Time

Mellers, Wilfrid: Bach and the Dance of God

Mellers, Wilfrid: Beethoven and the Voice of God

Mellers, Wilfrid: Caliban Reborn - Renewal in Twentieth Century Music

Mellers, Wilfrid: Darker Shade of Pale, A Backdrop to Bob Dylan

Music and Books published by Travis & Emery Music Bookshop:

Mellers, Wilfrid: François Couperin and the French Classical Tradition
Mellers, Wilfrid: Harmonious Meeting
Mellers, Wilfrid: Le Jardin Retrouvé, The Music of Frederic Mompou
Mellers, Wilfrid: Music and Society, England and the European Tradition
Mellers, Wilfrid: Music in a New Found Land: ... ... American Music
Mellers, Wilfrid: Romanticism and the Twentieth Century (from 1800)
Mellers, Wilfrid: The Masks of Orpheus: ...... the Story of European Music.
Mellers, Wilfrid: The Sonata Principle (from c. 1750)
Mellers, Wilfrid: Vaughan Williams and the Vision of Albion
Panchianio, Cattuffio: Rutzvanscad Il Giovine
Pearce, Charles: Sims Reeves, Fifty Years of Music in England.
Playford, John: An Introduction to the Skill of Musick.
Purcell, Henry et al: Harmonia Sacra ... The First Book, (1726)
Purcell, Henry et al: Harmonia Sacra ... Book II (1726)
Quantz, Johann: Versuch einer Anweisung die Flöte trave   rsiere zu spielen.
Rameau, Jean-Philippe: Code de Musique Pratique, ou Methodes.
Rameau, Jean-Philippe: Erreurs sur La Musique dans l'Encyclopédie
Rastall, Richard: The Notation of Western Music.
Rimbault, Edward: The Pianoforte, Its Origins, Progress, and Construction.
Rousseau, Jean Jacques: Dictionnaire de Musique
Rubinstein, Anton : Guide to the proper use of the Pianoforte Pedals.
Sainsbury, John S.: Dictionary of Musicians. (1825). 2 vols.
Serré de Rieux, Jean de : Les dons des Enfans de Latone
Simpson, Christopher: A Compendium of Practical Musick in Five Parts
Spohr, Louis: Autobiography
Spohr, Louis: Grand Violin School
Tans'ur, William: A New Musical Grammar; or The Harmonical Spectator
Terry, Charles Sanford: Bach's Chorals – Parts 1, 2 and 3.
Terry, Charles Sanford: John Christian Bach
Terry, Charles Sanford: J.S. Bach's Original Hymn-Tunes for Congregational Use.
Terry, Charles Sanford: Four-Part Chorals of J.S. Bach. (German & English)
Terry, Charles Sanford: Joh. Seb. Bach, Cantata Texts, Sacred and Secular.
Terry, Charles Sanford: The Origins of the Family of Bach Musicians.
Tosi, Pierfrancesco: Opinioni de' Cantori Antichi, e Moderni
Tosi, Pierfrancesco: Observations on the Florid Song.
Van der Straeten, Edmund: History of the Violoncello, The Viol da Gamba ...
Van der Straeten, Edmund: History of the Violin, Its Ancestors... (2 vols.)
Walther, J. G. [Waltern]: Musicalisches Lexikon [Musikalisches Lexicon]
Wagner, Richard: Beethoven (Leipzig 1870)
Wagner, Richard: Lebens-Bericht (Leipzig 1884)
Wagner, Richard: The Musaic of the Future (Translated by E. Dannreuther).
Zwirn, Gerald: Stranded Stories From The Operas

Travis & Emery Music Bookshop
17 Cecil Court, London, WC2N 4EZ, United Kingdom.
Tel. (+44) 20 7240 2129

Discographies by Travis & Emery:
Discographies by John Hunt.

1987: 978-1-906857-14-1: From Adam to Webern: the Recordings of von Karajan.

1991: 978-0-951026-83-0: 3 Italian Conductors and 7 Viennese Sopranos: 10 Discographies: Arturo Toscanini, Guido Cantelli, Carlo Maria Giulini, Elisabeth Schwarzkopf, Irmgard Seefried, Elisabeth Gruemmer, Sena Jurinac, Hilde Gueden, Lisa Della Casa, Rita Streich.

1992: 978-0-951026-85-4: Mid-Century Conductors and More Viennese Singers: 10 Discographies: Karl Boehm, Victor De Sabata, Hans Knappertsbusch, Tullio Serafin, Clemens Krauss, Anton Dermota, Leonie Rysanek, Eberhard Waechter, Maria Reining, Erich Kunz.

1993: 978-0-951026-87-8: More 20th Century Conductors: 7 Discographies: Eugen Jochum, Ferenc Fricsay, Carl Schuricht, Felix Weingartner, Josef Krips, Otto Klemperer, Erich Kleiber.

1994: 978-0-951026-88-5: Giants of the Keyboard: 6 Discographies: Wilhelm Kempff, Walter Gieseking, Edwin Fischer, Clara Haskil, Wilhelm Backhaus, Artur Schnabel.

1994: 978-0-951026-89-2: Six Wagnerian Sopranos: 6 Discographies: Frieda Leider, Kirsten Flagstad, Astrid Varnay, Martha Moedl, Birgit Nilsson, Gwyneth Jones.

1995: 978-0-952582-70-0: Musical Knights: 6 Discographies: Henry Wood, Thomas Beecham, Adrian Boult, John Barbirolli, Reginald Goodall, Malcolm Sargent.

1995: 978-0-952582-71-7: A Notable Quartet: 4 Discographies: Gundula Janowitz, Christa Ludwig, Nicolai Gedda, Dietrich Fischer-Dieskau.

1996: 978-0-952582-75-5: Leopold Stokowski (1882-1977): Discography and Concert Register

1996: 978-0-952582-76-2: Makers of the Philharmonia: 11 Discographies: Alceo Galliera, Walter Susskind, Paul Kletzki, Nicolai Malko, Issay Dobrowen, Lovro Von Matacic, Efrem Kurtz, Otto Ackermann, Anatole Fistoulari, George Weldon, Robert Irving.

1996: 978-0-952582-72-4: The Post-War German Tradition: 5 Discographies: Rudolf Kempe, Joseph Keilberth, Wolfgang Sawallisch, Rafael Kubelik, Andre Cluytens.

1996: 978-0-952582-73-1: Teachers and Pupils: 7 Discographies: Elisabeth Schwarzkopf, Maria Ivoguen, Maria Cebotari, Meta Seinemeyer, Ljuba Welitsch, Rita Streich, Erna Berger.

1996: 978-0-952582-75-5: Leopold Stokowski: Discography and Concert Listing.

1996: 978-0-952582-76-2: Makers of the Philharmonia: 11 Discographies Alceo Galliera, Walter Susskind, Paul Kletzki, Nicolai Malko, Issay Dobrowen, Lovro Von Matacic, Efrem Kurtz, Otto Ackermann, Anatole Fistoulari, George Weldon, Robert Irving.

1996: 978-0-952582-77-9: Tenors in a Lyric Tradition: 3 Discographies: Peter Anders, Walther Ludwig, Fritz Wunderlich.

1997: 978-0-952582-78-6: The Lyric Baritone: 5 Discographies: Hans Reinmar, Gerhard Huesch, Josef Metternich, Hermann Uhde, Eberhard Waechter.

1997: 978-0-952582-79-3: Hungarians in Exile: 3 Discographies: Fritz Reiner, Antal Dorati, George Szell.

1997: 978-1-901395-00-6: The Art of the Diva: 3 Discographies: Claudia Muzio, Maria Callas, Magda Olivero.

1997: 978-1-901395-01-3: Metropolitan Sopranos: 4 Discographies: Rosa Ponselle, Eleanor Steber, Zinka Milanov, Leontyne Price.

1997: 978-1-901395-02-0: Back From The Shadows: 4 Discographies: Willem Mengelberg, Dimitri Mitropoulos, Hermann Abendroth, Eduard Van Beinum.

1997: 978-1-901395-03-7: More Musical Knights: 4 Discographies: Hamilton Harty, Charles Mackerras, Simon Rattle, John Pritchard.

1998: 978-1-901395-95-2: More Giants of the Keyboard: 5 Discographies: Claudio Arrau, Gyorgy Cziffra, Vladimir Horowitz, Dinu Lipatti, Artur Rubinstein.

1998: 978-1-901395-94-5: Conductors On The Yellow Label: 8 Discographies: Fritz Lehmann, Ferdinand Leitner, Ferenc Fricsay, Eugen Jochum, Leopold Ludwig, Artur Rother, Franz Konwitschny, Igor Markevitch.

1998: 978-1-901395-96-9: Mezzo and Contraltos: 5 Discographies: Janet Baker, Margarete Klose, Kathleen Ferrier, Giulietta Simionato, Elisabeth Hoengen.

1999: 978-1-901395-97-6: The Furtwaengler Sound Sixth Edition: Discography and Concert Listing.

1999: 978-1-901395-98-3: The Great Dictators: 3 Discographies: Evgeny Mravinsky, Artur Rodzinski, Sergiu Celibidache.

1999: 978-1-901395-99-0: Sviatoslav Richter: Pianist of the Century: Discography.

2000: 978-1-901395-04-4: Philharmonic Autocrat 1: Discography of: Herbert Von Karajan [Third Edition].

2000: 978-1-901395-05-1: Wiener Philharmoniker 1 - Vienna Philharmonic and Vienna State Opera Orchestras: Discography Part 1 1905-1954.

2000: 978-1-901395-06-8: Wiener Philharmoniker 2 - Vienna Philharmonic and Vienna State Opera Orchestras: Discography Part 2 1954-1989.

2001: 978-1-901395-07-5: Gramophone Stalwarts: 3 Separate Discographies: Bruno Walter, Erich Leinsdorf, Georg Solti.

2001: 978-1-901395-08-2: Singers of the Third Reich: 5 Discographies: Helge Roswaenge, Tiana Lemnitz, Franz Voelker, Maria Mueller, Max Lorenz.

2001: 978-1-901395-09-9: Philharmonic Autocrat 2: Concert Register of Herbert Von Karajan Second Edition.

2002: 978-1-901395-10-5: Sächsische Staatskapelle Dresden: Complete Discography.

2002: 978-1-901395-11-2: Carlo Maria Giulini: Discography and Concert Register.

2002: 978-1-901395-12-9: Pianists For The Connoisseur: 6 Discographies: Arturo Benedetti Michelangeli, Alfred Cortot, Alexis Weissenberg, Clifford Curzon, Solomon, Elly Ney.

2003: 978-1-901395-14-3: Singers on the Yellow Label: 7 Discographies: Maria Stader, Elfriede Troetschel, Annelies Kupper, Wolfgang Windgassen, Ernst Haefliger, Josef Greindl, Kim Borg.

2003: 978-1-901395-15-0: A Gallic Trio: 3 Discographies: Charles Muench, Paul Paray, Pierre Monteux.

2004: 978-1-901395-16-7: Antal Dorati 1906-1988: Discography and Concert Register.

2004: 978-1-901395-17-4: Columbia 33CX Label Discography.

2004: 978-1-901395-18-1: Great Violinists: 3 Discographies: David Oistrakh, Wolfgang Schneiderhan, Arthur Grumiaux.

2006: 978-1-901395-19-8: Leopold Stokowski: Second Edition of the Discography.

2006: 978-1-901395-20-4: Wagner Im Festspielhaus: Discography of the Bayreuth Festival.

2006: 978-1-901395-21-1: Her Master's Voice: Concert Register and Discography of Dame Elisabeth Schwarzkopf [Third Edition].

2007: 978-1-901395-22-8: Hans Knappertsbusch: Kna: Concert Register and Discography of Hans Knappertsbusch, 1888-1965. Second Edition.

2008: 978-1-901395-23-5: Philips Minigroove: Second Extended Version of the European Discography.

2009: 978-1-901395-24-2: American Classics: The Discographies of Leonard Bernstein and Eugene Ormandy.

2010: 978-1-901395-25-9: Dirigenten der DDR: Conductors of the German Democratic Republic

Discography by Stephen J. Pettitt, edited by John Hunt:
1987: 978-1-906857-16-5: Philharmonia Orchestra: Complete Discography 1945-1987

Available from: Travis & Emery at 17 Cecil Court, London, UK.
(+44) 20 7 240 2129. email on sales@travis-and-emery.com .